백년을 살아보니

백년을 살아보니

1쇄 발행   2016년 8월 1일
52쇄 발행   2023년 11월 1일

지은이   김형석

발행인   윤수정
편집장   조형준
편집   김진희
디자인   신병근 · 박종건
교열   김화선

펴낸 곳   ㈜알피스페이스
출판등록   제2012-000067호(2012년 2월 22일)
주소   서울 강남구 삼성로 634(삼성동)
문의   02-2002-9895
블로그   https://blog.naver.com/the_denstory
ISBN   979-11-85716-43-5 03190
값   15,000원

Denstory는 ㈜알피스페이스의 출판 브랜드입니다. 파본이나 잘못된 책은 구입하신 곳에서 바꿔드립니다.
이 도서의 국립중앙도서관 출판예정도서목록(CIP)은 서지정보유통지원시스템 홈페이지(seoji.nl.go.kr)와
국가자료공동목록시스템(www.nl.go.kr/kolisnet)에서 이용하실 수 있습니다. (CIP제어번호 : CIP2016017410)

• 한국출판문화산업진흥원 2016년 우수출판콘텐츠 제작 지원 사업 선정작입니다.

백년을
살아보니

김형석 지음

Denstory

목차

새해 첫날 우리 나이로 100세가 되었다. 감사와 걱정이 함께 찾
아든다. 두 자리 숫자⁹⁹가 세 자리¹⁰⁰로 올라가는 과정이 그렇게
힘든 것인가. 나 자신은 괜찮은데 주변에서 가만두지를 않는다.
아침에는 KBS 「아침마당」에 출연해 행복 이야기를 했다. 지난 31
일부터 닷새 동안은 「인간극장」에 내 100세 모습이 소개되기도
했다. 나도 모르게 100세부터 어떻게 살아야 할까를 묻지 않을 수
없다.

80대 중반부터는 몸이 종합병원이라고 한다. 우선 건강 유지가
걱정이다. 언제 어디서부터 온 손님인지 건망증이 찾아왔다. 일이
있어 아래층으로 내려왔는데 왜 왔는지 깜빡 잊어버린다. 연말에
2~3일 동안은 반성과 연구를 해 보았다. 나로서는 마지막 중대한
결정을 내렸다. '더 늙지 말자. 98세로 돌아가자'는 생각이다. 98

세였던 해에는 부러운 것 없이 살았다. 두 권의 책을 썼고, 160여 회 강연을 했다. 보청기도 지팡이도 없이 살았다. 오늘부터는 남이야 어찌 부르든지 나는 98세로 되돌아가 머물기로 했다. 98세가 5년쯤 더 연장된다면 내 인생 최고의 행복과 영광이 될 것이다. 물론 그것은 내 소망이기보다는 욕심이다. 그러나 마지막 가져보는 욕심이다. 가까운 친구나 아는 분들은 용서해 줄 것으로 믿는다.

몇 해 전까지는 오전 11시에 가족이 모여서 예배를 드리고 세배를 나누곤 했다. 최근에는 동생들도 늙었고 손주들도 많아져서 신년 세배는 가정별로 나누어서 하기로 했다. 직계 가족들만 모여 내가 세배를 받는다. 아들딸들이 용돈을 가져온다. 그 돈에서 일부는 손주들에게 세뱃돈을 주고 남는 돈은 내 소유가 된다. 90이 넘으면 용돈이 필요하다. 그런데 몇 해 전부터는 아들들·사위들이 다 정년퇴직을 하고 내 수입이 많아지니까 용돈도 더 올라가지 않는다. 어떤 때는 아들딸들과 식당에 간다. 전에는 안 그랬는데 요사이는 "아버지가 내시게요?"라고 먼저 묻는다. 나는 "그러지!"라고 자신 있게 대답을 한다. 그래서 더욱 감사한 마음이 되기도 한다. 예배와 세배가 끝나면 회식을 한다. 금년에는 맏아들이 초대를 했다. 미국에서 딸들이 보내주는 식사 비용은 내 차지가 된다. 그래도 주는 마음이 받는 마음보다 행복하다. 나는 또 말없이 애들에게 돌려줄 때가 있다. 점심식사를 끝내고 돌아오면 자유로운 내 시간이 된다.

　새로운 한 해를 어떻게 보낼지 계획을 세운다. 『철학과 현실』 계간지에 3년여에 걸쳐 쓴 글들이 출간될 것이다. 조선일보와 동아일보에 1년 가까이 게재되었던 칼럼과 글들을 책자로 내기를 원하는 출판사들이 기다리고 있다. 내 뜻을 도와주고 있는 후학들이 계획하는 일들도 있다. 금년 4월까지 계속할 강연회 청탁들도 들어와 있다. 그렇게 해서 100세가 아닌 '제2의 98세'가 채워질 것이다. 그 소원이 이루어지기를 바라는 마음이다.

2019년 1월
김형석

나는 비교적 많은 책을 썼다.

1960~1970년대의 저서들은 젊은 층의 독자들이 있었기 때문에 폭넓은 반응을 차지할 수 있었다. 그러나 80년대 이후의 책들은 약간 무게가 있고 사상적 비중이 컸던 때문일까, 많은 독자를 위한 저서는 되지 못했다. 수필, 수상보다는 철학과 종교 문제가 중심이 되었던 것 같다.

그러나 나보다 훌륭한 후배들이 더 좋은 저서들을 내놓았고 독자들의 관심과 기호도 새로운 것들을 찾았다. 오히려 내 책을 읽던 독자들의 저서를 내가 읽는 좋은 현상으로 바뀌게 된 것이다.

그러다가 내 나이 90고개를 넘기게 되면서는 내가 기대하지 못했던 새로운 변화가 생겼다. 과거에 썼던 책들이 다시 독서계에 등장하면서 장년층의 독자들이 늘어나기 시작했고, 100세 시대를 사는 현대인들에게 어떤 문제와 대화를 나눌 수 있겠는가 하는 요청을 받기에 이르렀다.

나도 오래 산 것이 헛되지는 않았다는 위로의 심정에 접하기도 했다. 그래서 요청을 받는 대로 두세 권의 내용을 정리, 집필하게 되었다.

이 책에서는 장년기와 노년기를 맞고 보내며 인생과 사회에 관심을 갖는 이들이 더 늦기 전에 스스로의 인생관과 가치관을 정립하는 데 도움이 되리라는 과제들을 모아 정리해보기로 했다. 문제를 먼저 제시하고 이론적 설명을 찾기보다는 일상생활에서 부딪히는 문제들을 지혜롭게 판단하고 처리하는 삶의 지혜를 추구해보고 싶었다.

누구나 한 번쯤은 생각해야 할 현실적 문제들이다. 가정에서 일어나는 문제는 물론 사회생활에서 모두가 겪어야 하는 과제들, 그리고 인생의 의미와 죽음에 대한 관심들도 외면할 수가 없었다. 인생의 절반 이상을 지나면서 무엇을 위해 어떻게 살아야 할 것인가를 묻고 그 해답을 찾아야 할 것 같았다.

늙어서도 행복하게 살 권리가 있고 후배와 후손들의 존경을 받아야 할 의무도 있다고 생각한다. 나 자신도 100세까지 스스로의 행복을 지니고 싶고, 주변 사람들의 고마움과 존경스러움을 받으면서 살아야겠다는 다짐을 하고 있다.

만족스럽지는 못하나 독자들과 대화를 나누고 싶은 마음은 간절하다.

책과 더불어 살아온 저자로서 한 가지 송구스러운 충고 아닌 공감을 위해 남기고 싶은 뜻이 있다.

나는 세계 여러 지역과 나라들을 여행하면서 크게 느낀 바가 있었다. 왜 영국, 프랑스, 독일, 미국, 일본이 선진국가가 되고 세계를 영도해가고 있는가. 그 나라의 국민들 80% 이상은 100년 이상에 걸쳐 독서를 한 나라들이다. 이탈리아, 스페인, 포르투갈, 러시아 등은 그 과정을 밟지 못했다. 아프리카는 물론 동남아시아나 중남미에 가도 독서를 즐기는 국민적 현상을 볼 수가 없다.

나는 우리 50대 이상의 어른들이 독서를 즐기는 모습을 후대에게 보여주는 일이 무엇보다도 중요하며 시급하다고 믿고 있다. 그것이 우리들 자신의 행복인 동시에 우리나라를 선진국으로 진입, 유지하는 애국의 길이라고 확신한다.

나이 들어 느끼는 하나의 소원이기도 하다.

• 나는 이 책의 내용을 육필로 남기기만 했다. 타자와 교정을 맡아준 생명의전화 이종옥 이사님과 좋은 책이 되도록 편집 책임을 담당해준 출판사의 여러분에게 고마운 마음을 남기고 싶다.

2016년 여름에

저자 드림

1

똑같은
행복은 없다

행복론

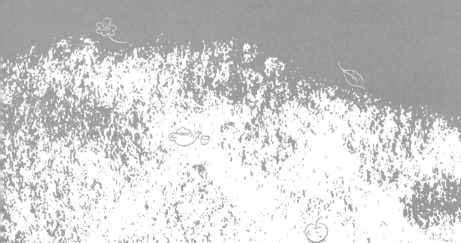

성공하면
행복할까

다른 모든 것은 원하는 사람도 있고 원하지 않는 사람도 있다. 그러나 행복은 누구나 원한다. 철학자 아리스토텔레스의 말이다.

그러나 행복은 어떤 것인가, 라고 물으면 같은 대답은 없다. 행복은 모든 사람의 주관적인 판단이며, 같은 내용이라도 시간과 장소에 따라서 행불행이 달라질 수 있다. 모든 사람에게 꼭 같은 행복이 있는 것이 아니다. 돈 때문에 행복해지는 사람도 있으나 같은 돈 때문에 불행해지는 사람도 있다.

새해가 되면 복 많이 받으라는 인사를 나눈다. 그때의 복은 행운을 뜻하는 말이다. 선택과 노력의 대가로서 복이기보다는 공짜로 주어지는 복운福運이다. 복권이라도 당첨되었으면 하는 마음과 통한다. 그러나 복권에 당첨되었다고 해서 행복해지는 사람은 없다. 공짜로 주어진 복이 더 많은 것을 빼앗아 가기도 한다.

시간의 빈 그릇 속에 담아 넣고 싶은 것들

그래서 우리가 행복을 얘기할 때는 삶의 일상적이며 정상적인 내용과 연결되는 행복을 뜻한다. 사람들이 행복을 추구한다는 것은, 우리에게 주어진 시간의 빈 그릇 속에 담아 넣고 싶은 것들의 대명사와 같은 것이다. 그 대명사의 내용에는 꼭 같은 것은 없어도 서로 비슷한 것들은 있을 수 있다. 그리고 우리는 그 몇 가지 유형 중의 하나 또는 둘을 택해 사는 것이다.

많은 사람들은 물질적이며 가시적인 것들을 소유함으로써 주어지는 만족감을 행복이라고 생각한다. 그것은 인간 본연의 욕구에 속하는 것들이다. 어린애들이 마음에 드는 인형을 얻었을 때의 즐거움과 비슷한 면이 없지 않다.

또 적지 않은 사람들이 정치로 대표되는 권력을 소유하기를 원한다. 지배하고 싶은 본능, 강자가 되려는 의욕, 야망을 채우고 싶은 삶의 욕망들이다. 그런 것들을 소유했을 때는 만족과 즐거움을 누리며, 우리는 그것을 행복이라고 여긴다. 명예욕도 그중의 하나이다. 자신을 과시하고 싶으며 자신의 노력에 대한 타인과 사회의 보답을 얻고 싶은 것이 인간의 본성이다. 그것들을 소유했을 때의 만족을 행복으로 느끼며 상실했을 때는 불행으로 생각한다. 성적 욕망도 또 하나의 소유욕일 수 있다.

그러나 이런 것들은 소유에 해당하기 때문에 상실했을 때는 고통과 불행으로 바뀌게 된다.

그런 것을 인생의 목적으로 삼는 사람은 소유의 노예가 되어 정신적 행복은 누리지 못한다. 또 더 많은 소유와 독점욕에 빠지게 되면 사회적으로 더 큰 고통과 불행을 초래하게 된다. 오히려 행복을 찾는 것이 더 큰 불행의 원인이 된다.

그래서 예로부터 인생은 빈손으로 왔다가 빈손으로 간다는 말이 진리같이 전해지고 있다.

행복에도 차원이 있다

그런 것을 인정하는 사람들은 정신적 가치를 찾아 행복의 차원을 높이려고 한다. 예술의 가치는 경제적 가치와 비교할 수가 없다.

이탈리아를 여행하는 사람들은 미켈란젤로의 예술적 가치는 어떤 이탈리아의 기업가나 재벌이 남겨주는 경제적 가치와는 비교할 수가 없다고 말한다. 인류를 행복하게 만드는 정신적 가치는 말할 것도 없거니와 몇백 년 동안 이어져온 관광 수입만도 막대하다.

1947년은 독일의 자랑스러운 시인 괴테의 탄신 200주년이 되는 해였다. 독일은 극심한 전쟁의 후유증 때문에 기념행사를 개최할 여력이 없었다. 그것을 애석하게 여긴 전쟁의 적대국이었던 미국이 세계적인 기념축전을 개최했다. 괴테의 정신적 영향력은 전쟁의 파괴력보다 높이 평가받아 당연한 결과였다.

20세기를 끝내면서 미국의 주간지 『타임 Time』은 100년 동안 가장 위대한 업적을 남긴 사람을 선정한 일이 있었다. 과학자 아인슈타인이 선정되었다. 재벌가도 정치가도 아닌 과학자였다.

알렉산더 대왕은 한때 전 세계를 무력으로 점령했다. 그러나 그가 남긴 것은 역사적 기록에 그쳤다. 반면 대왕의 가정교사였던 아리스토텔레스는 조용히 아테네에서 강의하고 저술했을 뿐인데, 그의 정신적 유산과 혜택은 2300년이 지난 오늘까지도 우리의 감사와 존경의 대상이 되고 있다.

이런 정신적 가치는 소유에서 오는 만족이 아니다. 창조자는 사회에 주기 위한 책임을 감당했고, 우리는 그 가치를 공유하고 있다. 공간을 넘어서, 시간을 초월해 인류가 공유하는 업적이다.

그래서 정신적 가치를 깨닫는 사람들은 인류가 남긴 업적의 혜택을 누리는 일에 동참함으로써 행복을 누린다. 맛있는 음식을 먹는 기쁨도 있어야 하나 음악을 감상하는 즐거움도 필수적이다. 또 이런 정신적 가치를 창출하기 위한 창작의 기쁨과 행복은 고급 자가용을 타고 좋아하는 사람들보다 높은 차원의 행복을 갖는다.

인간의 자격

행복으로 가는 또 다른 길도 있다. 선하고 아름다운 인간관계에서 주어지는 행복이다.

널리 알려진 '숲 지킴이'라는 이야기가 있다.

직장을 구하던 사람이 예상 못했던 취직을 하게 된다. 넓은 숲에서 산불을 예방하거나 서식하는 동물들을 보호해주는 일이다. 그 사람은 숲속에 있는 집에 혼자 살면서 아침부터 저녁까지 숲을 돌보았다. 몇 해 동안 숲속에서 자연과 더불어 살다가 한 가지 색다른 습관을 찾아냈다. 저녁때 아무도 없는 빈집으로 돌아온다. 그러고는 부엌에서 식사 준비를 갖추고는 잘 정돈된 거실 식탁 위에 준비한 음식물들을 정성껏 차려놓는다. 그리고 다시 밖으로 나와 작업복을 신사복으로 갈아입는다. 넥타이를 매고 머리에 빗질을 한다. 새로운 구두로 바꾸어 신는다. 그러고는 거울 앞에 다가가 스스로 존경받을 만한 신사가 되었는가를 살핀 뒤에 아무도 없는 방을 향해 노크를 한다. 그러고는 마치 '어서 오십시오'라는 인사를 받기라도 한 듯이 식탁을 향해 점잖게 걸어가 앉아서 조심스럽게 식사를 한다. 식사가 끝나면 점잖게 배웅을 받고 있는 듯이 출입문을 열고 밖으로 나온다.

다시 신사복을 벗어 걸어놓고는 작업복으로 갈아입는다. 그리고 거실에 들어가 식사를 다 끝낸 식기들을 정리하고 깨끗이 청소를 한다. 만일 누군가가 혼자 사는 집인데 무엇 때문에 번거롭게 불편한 일들을 하느냐고 물으면 그는 다음과 같이 대답한다.

"여러 해 동안 숲속에서 혼자 살다가 후일에 인간사회로 나가게 되면 인간의 자격을 상실할 것 같았다. 내가 인간사회에서 살 때 언제 가장 행복했는가 하고 찾아보았더니, 귀한 가정의 손님으로 초대받아 갔던 때였다는 생각이 났다. 저녁시간만이라도 인간답게 살아야겠다는 생각으로 이런 습관을 창안해냈다." 영국작가 키플링의 작품에 나오는 이야기다.

인간은 사회적 존재이다. 우리 모두는 사회 속에 태어났다가 사회를 떠나가는 운명을 지니고 있다. 그러므로 삶의 의미는 물론 행복과 불행도 내가 소속되어 있는 인간적 공동체 속에서 태어나고 주어지는 것이다. 그 공동체는 이성 간의 사랑일 수도 있고 가정이 그 기본 단위가 된다. 후에는 학교생활과 직장으로 확대되기도 한다. 영향력이 적은 것 같아도 지역사회를 외면할 수는 없다. 더 높은 직책과 지도자의 위치를 차지하는 사람은 국가사회에까지 인간관계를 넓혀갈 수가 있다.

이런 공동체 생활을 하면서 선한 관계를 맺는 사람들은 행복을 느끼고 그러지 못하는 사람들은 자신과 사회에 고통과 불행을 더하게 된다. 사회생활에 있어서의 선한 가치를 추구해가는 것이 윤리와 도덕의 권고이면서 의무이기도 하다.

아마 동양의 오랜 스승인 공자의 교훈도 한마디로 말하면, 선하고 아름다운 인간관계에서 행복을 찾아 누리라는 뜻이었을 것이다. 공자는 그것을 어진 마음을 갖고 예절을 지키라는 정신으로 압축했다.

선하고 건설적인 인간관계는 열린 마음을 가진 사람에게 주어진 특전이다. 닫힌 마음, 즉 이기적이고 폐쇄적인 정신 상태를 벗어나지 못하는 사람은 행복할 수가 없다. 그것은 후진사회와 선진사회를 구별하는 기준이 되기도 하며 많은 사람들의 행복과 불행을 가늠하는 사회 원칙이기도 하다.

행복과 성공의 함수 관계

한 가지만 더 추가하기로 하자.

많은 사람들은 행복과 성공은 동전의 양면과 같이 공존한다고 생각한다. 특히 나이 들수록 그런 사실을 인정하게 되며 남성들은 여성들보다도 더 그런 현실을 인정한다. 실패한 사람에게는 행복이 없고 성공한 사람은 행복을 누린다는 사실이다.

성공은 무엇이며 실패는 또 어떤 것인가, 하는 물음은 남겨두기로 하자. 다른 하나의 행복론과 같은 비중을 차지할 수도 있겠기 때문이다. 그러나 성공과 실패의 객관적 기준은 있다. 나에게 주어진 재능과 가능성을 유감없이 달성한 사람은 행복하며 성공한 사람이다. 그러나 주어진 유능성과 가능성을 다 발휘하지 못한 사람은 성공했다고 인정할 수가 없다. 60의 유능성을 타고난 사람이 65나 70의 결실을 거두었다면 성공한 사람이다. 그러나 90의 가능성이 주어졌음에도 불구하고 70의 결과에 머물렀다면 실패한 사람이다. 밖에서 볼 때는 같은 70이지만 그 자신의 삶의 가치를 따진다면 성공과 실패는 달라지는 법이다. 그래서 정성 들여 노력하는 사람에게는 실패가 없으나 게으른 사람에게는 성공이 없는 법이다.

성공과 행복의 함수 관계도 그렇게 보아야 할 것이다.

인격 수준과
재산의 관계

중학교 2학년쯤이었다. 널리 알려져 있는 톨스토이의 동화를 읽었다.

한 가난한 소작인 농부가 있었다. 평생소원이 남처럼 내 땅을 갖고 마음껏 농사를 지어보는 것이었다. 어떤 날 신문에서 뜻밖의 광고를 보았다. 러시아의 한 귀족이 원하는 사람에게는 돈을 받지 않고 농토를 나누어준다는 것이다. 농부는 그 귀족을 찾아가 사실이냐고 물었다. 귀족은 "얼마나 많은 땅을 원하느냐?"고 물었다. 농부는 아침에 해가 뜰 때 출발해서 해가 지기 전까지 밟고 돌아오는 모든 땅을 받았으면 좋겠다고 청했다. 귀족은 내일 아침 해 뜨기 전에 저 언덕 위에서 만나자고 약속했다.

농부는 무척 흥분했다. 내일이면 나도 내 땅을 갖는 지주가 된다고 생각하면서 밤을 지새웠다. 약속한 언덕 위로 올라가 기다리던 농부는 해가 동쪽 언덕 위로 올라오는 것을 보면서, "저는 이제부터 뛰기 시작할 것입니다."라면서 달리기 시작했다. 귀족은 "해 지기 전에 돌아와야 하네."라고 대답해주었다.

농부는 뛰고 또 뛰었다. 점심시간이 되었다. 농부는 점심 먹을 시간이 어디 있어, 한 발자국이라도 더 달려야지 하면서 준비해 온 도시락도 내던졌다. 물통만 있으면 된다고 생각했다. 어차피 내일부터는 이 좋은 땅들이 내 것이 될 터인데, 라고 다짐했다.

너무 멀리까지 온 것 같다고 생각한 농부는 발걸음을 돌렸다. 또 달려 나갔다. 북쪽의 해는 빨리 지는 것일까. 태양은 벌써 서쪽 하늘 중간까지 걸쳐 있는 것 같았다. 농부는 있는 힘을 다해 달렸다. 언덕 밑에 왔을 때는 해가 거의 산 밑으로 내려앉는 듯싶었다.

농부는 죽을힘을 다해 언덕에 올라서면서 "아직은 해가 조금 남아 있습니다."라고 말하며 쓰러졌다. 그것을 본 귀족은 "그래, 모두 자네 땅이 되었네."라고 말하며 농부가 일어서기를 기다리면서 주변을 산책했다. 그런데 한참이 지나도 농부는 일어서지 않았다. 귀족이 "이 사람아, 이제는 일어나야지." 하고 어깨를 들쳐보았더니 너무 기진맥진했는지 이미 숨을 거둔 것이었다.

귀족은 종을 불러 거기에 땅을 파고 묻어주라고 지시하면서 "이 사람아, 사람은 다섯 자 땅에 묻히면 그만일세. 그리고 그 정도 땅은 누구나 갖도록 되어 있는데 공연히 애태우다가 죽었구먼……." 하고 혼자 중얼거렸다. 이미 해는 지고 땅거미가 드리우기 시작하고 있었다.

나는 그 동화를 읽으면서 세상에 그 농부 같은 어리석은 사람이 또 있을까 하고 생각했다. 그리고 80년의 세월이 지났다. 지금 돌이켜보면 어리석은 사람은 농부만이 아니다. 나 자신도 때로는 그렇게 살았다.

더 많이, 남의 것까지 다 가지라는 유혹

서양에는 "신은 인간에게 시련을 주지만 악마는 우리를 유혹한다."는 말이 있다. 신은 인간을 사랑하지만 악마는 우리를 패망으로 이끌어가기를 바란다. 돈과 재물은 우리를 유혹한다. 더 많이 가지라고 속삭이며, 혼자 가지라고 유혹한다. 그러고는 남의 것까지 빼앗아 가지라고 타이른다. 그런 유혹에 따르는 사람은 돈과 재물을 위해 모든 것을 바친다. 심지어는 자신의 인격과 인생 자체를 희생하기도 한다.

가난한 개인이나 사회에서만 그런 것이 아니다. 재벌의 집안에서도 그렇다. 부한 국가는 가난한 국가의 것까지 빼앗아 간다. 우리는 지나치게 많은 재산을 갖고 있기 때문에 형제끼리 심하게 싸우는 것을 본다. 부자간이나 모자 사이에도 원수지는 일들을 자주 보는 때가 있다. 가난한 사람들은 가난하기 때문에 생존 경쟁의 대가를 치르기도 하나 부한 사람들은 더 많은 부를 차지하기 위해 소중한 인생을 헛되이 끝내기도 한다.

그래서 경제적 중산층이 확립된 나라에는 범죄율이 낮다고 말한다. 돈과 재물에 대한 유혹이 적기 때문이다. 가난한 국민이 많거나 빈부의 격차가 심한 사회에서는 경제적 범죄와 사회악이 더 심해진다. 우리나라도 중산층이 80%를 차지하게 되면 경제적 범죄와 사회악이 감소될 것이다.

내가 항상 가족들이나 제자들에게 권하는 교훈이 있다. "경제는 중산층에 머물면서 정신적으로는 상위층에 속하는 사람이 행복하며, 사회에도 기여하게 된다."는 충고이다. 그런 생활을 하는 사람들이 행복을 더 많이 누리도록 되어 있다.

그렇다면 사람은 어느 정도의 재산을 갖고 사는 것이 좋은가.

그에 대한 대답은 어렵지 않다. 그의 인격의 수준만큼 재산을 갖는 것이 원칙이다. 인격의 성장이 70이라면 70의 재물을 소유하면 된다. 부모로부터 물려받았다고 해서 90의 재산을 갖게 되면 그 분에 넘치는 20의 재산 때문에 인격의 손실을 받게 되며, 지지 않아야 할 짐을 지고 사는 것 같은 고통과 불행을 겪는다.

내 주변에서 본 사실을 하나 소개하겠다.

그 주인공은 문학인이다. 사회적으로 어느 정도 알려진 작가였다. 개인적 사정 때문에 60세 가까운 나이에서야 존경하고 싶은 남성을 만나 결혼을 했다. 그 남자는 정치계의 거물이기도 하고 많은 재산을 갖고 있었다. 재벌로 불리는 사람이기도 했다. 전 부인이 암으로 세상을 떠난 뒤 몇 해를 지내다가 그 여인과 재혼을 한 것이다. 두 사람은 진심으로 사랑하고 있었기 때문에 재산에 대해서는 큰 관심을 갖고 있지 않았다. 그런데 전 부인의 자녀들은 계모가 부친의 재산을 노려 결혼했다는 생각이 지나쳤다. 결혼 초부터 그 때문에 노후의 행복한 가정생활에 그림자가 드리우기 시작했다. 그래서 남편을 진정으로 사랑하는 부인은 온 가족들을 모아놓고 선언했다.

"나는 내 여생을 먹고살 재산은 준비해두었다. 초혼이기 때문에 내 자식도 없다. 내 친정 조카들도 다 충분한 재산을 갖고 산다. 그리고 내 형제들과 조카들은 모두 미국에 살고 있다. 내가 책임져야 할 부모는 이미 세상을 떠났다. 산소를 보살펴주기만 하면 된다. 나는 아버지의 재산에 관해서는 일절 관여하지 않을 테고 아버지의 재산권은 너희들과 아버지의 뜻에 맡길 테니까, 재산 문제를 갖고 말하거나 의견을 달리하는 일은 없었으면 좋겠다. 그리고 나는 너희들과 손자, 손녀들을 위해 마음 쓰고 도와주고 싶다. 남편 다음에는 너희들이 내 가족이니까."

그래도 아들딸들은 자기네들에게 돌아올 유산이 새어머니에게 갈 것 같아 아버지에게 유산 문제를 갖고 고달프게 항의를 하는 것이었다.

그런데 뜻밖의 사건이 벌어졌다. 11년의 결혼생활이 행복하게 이어지는 도중에 갑자기 남편이 심장마비로 세상을 떠난 것이다. 73세의 건강한 장년이었기 때문에 정말 예기치 못했던 운명의 강가에 서게 된 것이다. 평소에 유산 문제로 마음 쓰던 자녀들은 새어머니에게 언약했던 대로 재산에는 손대지 말라고 대들었다. 그 사태를 본 부인은 여러 가지로 생각을 거듭하다가 확고한 결단을 내리고 이렇게 선언했다.

"아버지가 재산을 정리하지 못하고 세상을 떠났기 때문에 적지 않은 유산이 내 것으로 되었는데, 내가 찾을 것은 다 찾아 가져야겠다. 그리고 그 유산은 아버지의 뜻에 따라 보람 있는 일을 위한 사업으로 남길 테니까, 앞으로는 법에 의해서 처리하겠다. 아버지의 유산이 너희들에게 가게 되면 아버지가 애써 모은 돈이 헛되게 사라질 것 같다. 나는 그렇게 되기를 바라지 않는다. 너희들이 내 뜻을 따라오면 협의를 하겠지만 지금과 같은 상태라면 나에게 올 유산은 내가 다 찾아서 아버지의 유지를 영광되게 키워가야겠다."

재산을 소유하기 위해 싸우는 전 부인의 자녀들에게 남편의 유산을 남길 수가 없었던 것이다.

차라리 그 재산이 없었다면

서울 서북쪽에 가면 S대학이 있다. 그 대학과 중·고등학교를 설립한 B여사를 오래전에 만난 일이 있었다. 그분도 내게 비슷한 얘기를 했다. 구한말 때 물려받은 부동산이 있었는데 그것을 자녀들에게 유산으로 물려주면 마침내는 남는 바 없이 사라지겠기 때문에 어느 정도의 재산을 나누어주고는 육영사업에 투신하겠다고 결심했다는 것이다. 자녀들 가운데 기업가가 있다면 모르겠는데 사유재산에는 한계가 있어야겠다고 믿었던 것이다.

내가 아는 M씨의 경우는 좀 달랐다. 왕실에서 물려받은 재산이 많았다. 자신도 어느 정도 유능했기 때문에 명문 대학을 졸업했다. 그러나 그 유산을 지키고 관리해야 했기 때문에 직업도 가져보지 못했다. 67세가 되었을 때 나에게 하는 고백이었다. 차라리 그 재산이 없었다면 떳떳한 사회인으로 보람 있게 살았겠는데, 재산을 지키기 위해 자기 인생을 다 낭비하고 말았다는 후회였다.

역시, 사람은 어느 정도의 재산이 필요한가라고 묻는다면 그의 인격 수준만큼의 재산이 있어야 한다. 그 이하도 문제지만, 그 이상의 재산은 더 도움이 되지 못한다. 재산보다 귀한 것은 얼마든지 있기 때문이다.

만일 내가 기업을 하는 사람이라면 내가 개인적으로 소유할 수 있는 재산과 사회적 책임을 담당할 수 있는 공적인 재산의 경계는 확실히 할 것이다. 그리고 자녀들에게는 스스로의 인격과 기업가로서의 자격을 갖출 수 있는 능력이 먼저라는 점을 소홀히 하지 않을 것이다. 나는 적게 갖고 사회에는 많이 줄 수 있는 기업가가 진정한 기업인으로서 존경받을 수 있는 것이다.

그렇다면 나 같은 사람에게는 어느 정도의 재산이면 좋은가.

중산층의 일원이 된다는 것은 생활의 기초필요조건은 갖추어야 한다는 뜻이다. 가장으로서 가정을 꾸려가고 자녀들의 교육을 책임질 수 있는 재산은 필요하다. 그리고 여유가 생긴다면 어느 정도의 취미생활이나 여행 등을 즐길 수 있으면 더 좋을 것이다.

가난은 죄도 아니며 부끄러운 짐도 아니다. 그러나 남을 도와주는 사람도 많은데 다른 사람의 도움을 받으면서 산다는 것은 바람직스럽지 못하다. 나는 가난하면서도 애들 여섯을 키웠다. 내가 고생하는 것을 본 모친은 "사람은 정직하고 열심히 일하면 모두 제 먹을 것은 주어지는 법이다."라고 말하곤 했다. 학교 문턱에도 가보지 못한 모친 자신이 그렇게 살았기 때문에 나에게 주는 위로의 충고였던 것이다.

지금은 여섯 애들이 다 성인이 되었다. 부자나 재벌가는 없다. 그러나 사회 중견층은 차지하고 있다. 내 딸의 얘기가 생각난다. 그 딸의 둘째 딸이 시집을 갔다. 사돈댁에서 혼인을 무척 원했다. 손녀의 시댁은 널리 알려진 정도는 아니나 준재벌에는 해당하는 상위층이다. 모두가 재벌의 맏며느리가 되었다고 축하해주었다. 내 딸도 처음에는 그렇게 생각했다. 그러나 10년 가까이 세월이 지난 다음에 내 딸이 하는 얘기는 달랐다. 온 가족이 경제의 노예가 되어 살고, 삶의 가치를 재산의 다소로 평가하며, 무엇보다 사위가 그렇게 고생하는 것을 보니까 가엾어 보인다는 것이다. 남은 딸애가 결혼을 한다면, 가급적이면 부자나 재벌 가문, 정치가의 집으로는 출가시키지 않겠다는 소감이었다.

일을
하는 이유

1961년 미국을 방문할 기회가 있었다. 경제학을 전공하는 제자와 대화를 하다가 한 가지 질문을 했다.

"처음으로 미국에 왔기 때문인지는 모르겠다. 아메리카의 정치에 관해서는 회의가 없다. 자유민주주의 체제로서는 영국의 의회민주주의가 좋겠으나, 미국과 같이 국회는 민주주의를 지키고 대통령제를 택해 강력한 행정력을 갖추는 것은 좋겠다고 수긍이 간다. 그러나 경제는 미국식 자본주의보다는 캐나다나 유럽식 사회주의가 더 앞서지 않는가 싶다."

내 얘기를 들은 제자의 대답이었다.

얼마 전에 소련의 흐루쇼프 수상이 뉴욕을 다녀갔다. UN 총회에서 연설을 끝내고 뉴욕 시가를 관람하다가 록펠러센터 앞에 이르렀다. 그 으리으리한 시설을 본 흐루쇼프가 "한두 개인이 이렇게 많은 재산을 소유하게 되면 얼마나 많은 사람들이 그의 재력 밑에서 고생하겠느냐."고 말했다. 공산사회 지도자로서는 응당할 수 있는 말이다.

그런데 그 얘기를 들은 뉴욕타임스의 기자가 흐루쇼프의 말을 비판하는 글을 실었다. 흐루쇼프는 록펠러센터나 어떤 기업체가 한두 개인의 명의로 등록되었다고 해서 그 시설이나 기관들이 그 개인의 소유라고 착각하는 것 같은데 아메리카의 제도는 그렇지 않다. 예를 들면 록펠러는 체이스맨해튼은행의 주식 5%를 갖는다. 법에 의해서 그 이상은 갖지 못하도록 되어 있다. 대신 록펠러는 은행에서 발생하는 수익금에 대한 투자와 사용권을 행사한다. 중요한 것은 소유권이 아니고 경영권이며, 더 소중한 것은 그 잉여자산의 사용권이다.

다시 말하면, 정치가는 정치를 통해 사회에 봉사하며 학자나 예술가는 학문과 예술 작품을 통해 사회에 기여하듯, 기업가는 그 기업을 통해 경제적 혜택을 사회에 제공하는 책임을 담당한다. 그런데 그것을 개인의 소유로 생각하는 사람은 아메리카에는 없다는 얘기였다.

나는 제자의 이야기를 음미해보았다. 미국도 초창기에는 개인의 소유 체제 경제로 출발했을 것이다. 그러는 동안에 사회주의와 복지 정책의 장점을 발견하게 되고 공산주의의 도전을 받게 되면서 발전적 개혁을 했다. 그 결과로 기업을 통한 경제 기여 체제로 발전한 것이다. 경제의 인도주의적 정책을 유지할 수만 있다면 그 경제는 통제적 사회주의 정책보다 우수한 체제라고 생각했다. 가장 바람직스러운 것은 일을 사랑하는 국민들이 경제적 가치를 창출해 사회가 공유할 수 있는 인도주의적 가치를 누릴 수 있다면 아메리카의 자본주의는 우수한 체제라고 느꼈던 것이다.

왜 일을 하는가

이런 문제는 개인경제에 있어서도 마찬가지인 것 같다.

나는 40세가 될 때까지 가난하게 살았다. 본래 가난한 가정에서 자라 대학을 다닐 때는 아르바이트를 하며 지냈다. 해방이 되고 자리가 잡히기도 전에 무일푼으로 탈북을 했다. 겨우 안정을 찾는가 싶었을 때 6·25 전쟁으로 모든 것이 다시 수포로 돌아갔다. 정전(停戰)이 되고 서울에 왔다. 대학교수의 직책을 맡으면서 겨우 안정을 되찾게 되었을 때는 교육을 책임 맡아야 하는 부양가족이 8명이나 되었다. 북에서 데리고 온 두 동생은 대학생과 고등학생이 되었고 내 어린애들도 6명이 학교에 다니게 되었다. 열심히 뛰었으나 혼자의 수입으로 8명의 교육비를 감당하기는 벅찼다. 셋방살이의 고생도 치렀고 기초생활의 어려움도 겪었다.

그렇게 사는 긴 세월 동안은 왜 일을 하느냐고 물으면 돈이 필요해서, 돈을 벌기 위해서였다. 가난을 극복해야 했다. 그 당시 "두 곳에서 강연 청탁이 왔는데 어디로 가는 것이 좋을까?"라고 내가 아내에게 물으면, 아내의 대답은 간단했다. 돈을 많이 주는 곳으로 가면 되지 않느냐는 대답이었다.

그렇게 20년 가까이 지났다. 한번은 서울에 있는 기업체의 강연을 뒤로 미루고 대구로 간 일이 있었다. 대구의 중·고등학교 선생들 600~700명을 위한 강연 책임을 위해서였다. 서울의 기업체에서는 교통편도 보아주고 사례금도 대구보다 배나 많았다. 옛날이기 때문에 대구를 기차로 왕복하면 완전히 하루를 고생으로 소비해야 한다. 그래도 다녀왔다.

돌아와서 나는 내 생활의 한 단계 높은 가치를 깨달았다. 지금까지는 돈을 위해서 일했다. 그러나 앞으로는 돈보다는 일이 중하기 때문에 일하는 삶의 방법과 방향을 바꾸어야겠다는 생각이었다. 돈을 위해서 일하는 사람은 얼마든지 있다. 그러나 돈을 위해서 일의 가치를 포기한다면 그것은 지성인의 도리가 아니라는 뜻을 체험하게 되었다. 돈을 위해서 일하는 사람은 낮은 차원의 인생을 살게 되어 있으나 일이 귀하기 때문에 일하는 사람은 그 일의 가치만큼 보람과 행복을 더하게 되어 있다.

그렇게 또 몇십 년을 보내다 80의 나이가 되었다. 다시 물어보게 되었다. 일을 왜 하는가. 일의 목표는 무엇인가. 그때의 대답은 '일은 이웃과 사회에 대한 봉사'라는 것이다. 내가 하는 일이 그 사람들과 사회에 도움이 된다면 내가 내 돈을 써가면서라도 해야 할 일인 것이다. 세상에는 그렇게 사는 사람들이 얼마든지 있다. 나도 그들 가운데 한 사람이 되어야 한다는 생각이다. 내가 이웃을 돕는 것만큼 그들이 또 나를 돕게 되어 있는 것이 인생인 것이다.

다른 사람의 도움을 받기만 하는 인생을 살아서는 안 된다. 서로 도움을 주고받는 삶이 귀한 것이다. 그러나 적게 받고 더 많은 것을 베풀면서 살 수 있다면 그보다 보람 있고 행복한 삶은 없을 것이다.

내가 지닌 것은 모두 남에게 받은 것

어느 날 치과 치료를 받고 돌아오면서 생각했다. 지금 내가 갖고 있는 모든 물건은 전부 다른 사람이 준 것이다. 모자도, 양복도, 신발도 그렇다. 어떤 것은 호주의 나와는 전연 상관이 없는 사람이 양을 쳐서 보내준 것이고, 미국 텍사스의 어떤 사람이 목축을 해 보내준 가죽도 있다. 또 모자와 옷을 만들기 위해 수고해준 수많은 사람들 덕분에 살고 있다. 안경을 만들어준 기술자, 치과에서 도움을 베풀어준 의사와 간호사, 병들었을 때 사랑을 베풀어준 여러분들, 나로 하여금 나 되게 했고 이렇게 살게 해준 모든 사람들의 혜택으로 내가 살아가고 있다. 내가 갖고 있는 지식과 학문도 모두가 스승과 다른 학자들로부터 받은 것이다. 더 솔직히 말하면 내 생명과 인생 자체가 부모, 가족과 더불어 주어진 것이다.

그렇다면 나는 그 많은 분들을 위해 무엇을 하고 있는가. 가르치는 일 한 가지만 하면 된다. 또 그 한 가지를 열심히 하면 사람들은 나에게 감사의 뜻을 전해 온다. 얼마나 아름답고 착한 세상인가. 그 한 가지만이라도 정성껏 보답해야 하지 않겠는가, 라는 생각이었다. 그것이 우리 모두의 인생이다.

오래 살면
좋을까

 오래전에 보았던 한 여론조사가 기억난다. '오래 살고 싶으냐'고 물었더니 모두가 '그렇다'고 대답했다. 다시 '90세가 넘도록 살고 싶으냐'고 물었더니 18%만이 '그렇다'고 대답했다. 뜻밖의 결과였다. 왜 그랬을까. 가족이나 가까운 지인들 가운데서 90세가 넘은 이들의 실태를 본 사람들은 오래 살고 싶기는 해도 그 노인들같이 될 것 같아 걱정스러웠던 것이다.

예상 밖의 통계

90이 넘었는데도 신체와 정신 상태가 모두 건강한 사람은 많지 못하다. 또 건강하더라도 가족 간의 애정은 두터우나 가정과 이웃에 대해 도움을 주거나 생산적인 기여를 하는 사람은 별로 없다. 따라서 그렇게 오래 사는 것보다는 적당한 장수가 더 바람직스럽다고 생각했을 것 같기도 하다.

내 친구인 안병욱 교수는 춘원 이광수를 아끼고 존경했다. 춘원의 『유정』에서 문학적 눈을 뜨기도 했고, 그를 통해서 민족주의와 애국심을 본받아 지녔다. 그런데 춘원이 친일을 한 걸 생각하면 애석한 마음을 금할 바가 없었던 것이다. 그래서 "춘원은 친일운동을 하기 전에 세상을 떠났어야 했다."고 말하곤 했다. 춘원에게는 장수가 오히려 저주스러운 결과를 남겼다고 말하곤 했다.

주변에서 보았을 때도 그렇다. 90이 넘으면 치매를 완전히 벗어나는 사람이 많지 않다. 내 친구들 중에도 노인성치매로 고생하는 사람이 생각난다. "가능하다면 정신 상태가 온전할 때 죽는 것이 축복이야. 치매에 걸려 '하나님이 어디 있어?', '나는 예수가 누군지 모르겠는데?'라고 말하게 되느니 차라리 일찍 죽는 편이 옳지."라고 말하는 것을 보았다.

또 90이 넘으면 신체적 건강과 정신적 건강을 균형 있게 유지하기가 힘들다. 균형을 갖춘 이들도 있다. 그러나 대개는 90세 이전까지다. 내 친구인 김태길 교수는 88세까지 그랬다. 그러나 90이 넘으면 정신력은 여전한데 신체가 자유롭지 못하기도 하고 신체적 건강은 유지되는데 정신력이 병적으로 약화되는 사람도 있다.

나는 내 아내가 오랜 병중에 있을 때 교회 목사님이 '환자의 어려움과 가족들의 사회적 일을 위해서 주님 품에서 안식하게 해달라.'고 기도하던 사실을 회상해보는 때가 있다. 객관적으로 보았을 때 그런 기도가 잘못은 아닐 것이다.

그래서 오래 살고 싶은 사람은 많으나 90이 넘도록 살고 싶으냐고 물었을 때는 예상 밖의 통계가 나왔던 것 같다.

마음대로 되지는 않아도

그렇다면 얼마나 오래 사는 것이 바람직스러운가. 마음대로 되는 것은 아니다. 그러나 생각은 정리해볼 수 있겠다. 나 자신이 행복하게, 그리고 이웃 사람들에게 작은 도움이라도 줄 수 있을 때까지 살 수 있다면 그것으로 감사해야 할 것 같다. 나도 고통을 겪어야 하고 이웃에게까지 부담과 어려움을 끼치면서 오래 산다는 것은 지혜로운 생각이 아니다.

만일 조물주가 '네가 살고 싶을 때까지 살도록' 허락했다고 하자. 150세나 200세까지 살게 된다면 나도 그 가운데 한 사람으로 살고 싶겠는가. 오히려 나는 그렇게 살지는 않겠다고 할 것이다. 내가 오래 살기 위해 다른 사람에게 부담을 주며 고통을 안겨준다면, 그리고 그런 사람이 많아진다면 얼마나 불행하고 저주스러운 인생과 사회가 되겠는가. 그래서 행복하게 일할 수 있고 다른 사람들에게 도움이 될 때까지 사는 것이 최상의 인생이라는 생각을 해보는 것이다. 장수보다는 좀 더 오래 많은 일로 봉사할 수 있게 해달라는 소원이 장수의 가치와 의미가 될 것이다.

행복은
감사하는 마음에서

인천에 있는 한 대학교수는 '행복학' 교수로 널리 알려져 있다. 그 교수는 감사할 줄 모르는 사람은 행복을 찾아 누릴 수 없다는 지론을 강조한다. 나는 그 교수가 크리스천인가 살펴보았으나 종교적 신앙과는 관련이 없었다. 바이블에는 '모든 일에 감사하라'는 교훈이 명시되어 있다. 그 교수 자신도 누구를 만나든 두 가지 특징이 있었다. 고맙다, 감사하다, 는 말을 아끼지 않는다. 그리고 언제나 미소를 머금고 사는 인상을 풍긴다.

나는 언젠지 모르게 우리 국민 전체가 감사하는 마음을 상실하고 있다는 사실을 느끼고 있다.

손기정 옹이 세무사를 찾은 이유

몇 해 전 서울 종로에 있는 한 세무사의 사무실을 방문한 일이

있었다. 나를 만난 세무사가, 자기 사무실로 오다가 혹시 손기정 옹을 뵈었느냐고 물었다. 못 보았다고 했더니, 조금 전에 그 사무실을 다녀가셨다고 얘기하면서 이제는 많이 늙으셔서 지팡이를 짚고 다녀가셨다는 것이다. 나는 별 생각 없이 그 어른께서 무슨 일이 있느냐고 물었다. 나보다도 연세가 높았기 때문이다.

세무사는 그분을 보내드리고 나서 자기 마음이 무거운 반성에 잠기게 되었다고 했다. 손 옹이 찾아와 "최 선생, 바쁘지 않으면 나를 좀 도와줄 수 있겠어? 내가 요사이 어디서 상을 받은 것이 있는데, 상금도 생겼다고. 그래서 공짜로 생긴 돈이니까 세금을 먼저 내고 써야겠다는 생각이 들어서 찾아왔는데, 좀 도와주었으면 좋겠어."라고 한 것이었다. 세무사가 "선생님은 연세도 높고 직업이 있는 것도 아니니까 신고하시지 않아도 괜찮습니다."라고 했더니 "그럴 수는 없지. 내가 지금까지 한평생 얼마나 많은 혜택을 국가로부터 받고 살았는데. 세금을 먼저 내야지. 내가 이제 나라를 위해 도움을 줄 것은 아무것도 없지 않아? 이게 마지막이 될지도 모르는데⋯⋯."라는 대답이 돌아왔다.

최 세무사가 그러면 도와드리겠다고 말하고, 계산해 보여드렸다. 그 계산서를 살펴본 손 옹은 "고것밖에 안 되나? 그렇게 적은 돈이면 내나 마나지. 좀 더 많이 내는 방법으로 바꿀 수는 없나?"라고 요청해 왔다. 세무사가 다시 법적으로 가장 많은 돈을 낼 수 있는 방법으로 계산해드렸더니 그제야 만족해하면서 "됐어, 그만큼은 내야지. 그래야 마음이 편하지……."라면서 정리하고 돌아 갔다는 설명이었다.

손 옹이 긴 복도 저쪽까지 걸어가는 것을 엘리베이터 앞까지 배웅해드리고 오면서 생각해보니까 '나라가 없을 때 사신 분들은 우리와 생각이 다르구나. 나는 한 번도 대한민국의 혜택을 받고 있다는 생각을 해본 적이 없는데…….'라는 반성을 하게 되었다는 것이다.

고당 조만식 선생의 머리카락

나는 그 얘기를 들으면서 얼마 후에 책임 맡은 강연회 생각이 떠올랐다. 고당 조만식 선생 순국 기념 강연이었기 때문이다.

나는 평양에서 해방을 맞았기 때문에 그 당시의 사정을 비교적 가까이서 보아왔다. 김일성이 정권을 장악하기는 했으나 국민들의 지지는 받지 못했다. 특히 서북 지역은 기독교 신도가 많은 곳이어서 공산당 정권을 용납하지 않았다. 김일성이 아무리 강조해도 조만식이 비판하거나 반대하면 국민들은 고당의 뜻을 따르곤 했다. 그렇다고 고당을 제거할 수는 없으니까, 김일성은 그를 평양 도심지에 있는 고려호텔에 연금해 대외관계를 단절시켰다. 부인만이 허락되는 날에 면회가 가능했을 뿐이다.

홀로 서울에 와 머무는 고당 사모님에게서 들은 이야기다.

한번은 면회를 갔더니 선생께서 앞으로 한 번만 더 오고는 다시 올 생각을 하지 말라고 충고했다. 뜻밖의 지시에 놀라 왜 그러시느냐고 물었더니, 세상이 빨리 변하고 있지 않느냐면서 다음번에는 마지막이 될 것이라고 말했다.

비통한 마음을 억제하면서 마지막 면회에 갔다. 선생은 두 가지 뜻을 전했다. "나는 어쩔 수가 없으나 밑의 애들은 자유가 없는 이 땅에 머물게 할 수가 없다. 그러니까 당신이 데리고 38선을 넘어가라."는 명령에 가까운 지시였다. 그리고 이것도 가지고 가라면서 커다란 흰 봉투를 내주었다. 무엇인가 물었더니 가보면 안다고 말했다.

사모님이 떨어지지 않는 무거운 발걸음으로 돌아와 봉투를 열어보았더니, 당신의 머리카락을 잘라 넣은 것이었다. 이다음에 당신이 세상을 떠나게 되면 빈 관으로 장례를 지낼 수는 없으니까 유품으로 남겨준 것이었다. 물론 고당의 서거가 확인된 후에 그 머리카락으로 장례 절차를 밟았다.

나는 두 선배의 마음을 되새겨보면서 나 자신의 부족함을 마음 깊이 되새겨보았다. 고당은 내 중학교 선배이기도 했고 존경하는 스승이기도 했다.

이렇게 지켜온 대한민국이다. 그런데 조국을 위해 아무 일도 못하면서 대한민국에 대한 감사의 마음까지 저버렸다면 어떻게 되겠는가.

우리들 자신에게 물어보자. 내가 대한민국을 위해 한 일이 무엇인가. 그러나 내가 누리고 있는 이 모든 것을 누가 베풀어주었는가, 라고.

나는 아무런 도움을 준 일이 없는데 이 고속도로를 자동차로 달리고 있지 않은가. 한때는 그 도로를 만들면 안 된다고 떠들고 반대했던 사람들이 얼마나 많았는가. 그런데 그때는 생각이 부족했다고 말하는 당시의 지도자들을 본 일이 있는가. 요사이는 자살하는 국민이 가장 많은 나라가 대한민국이라고 한다. 사람들은 정치를 잘못해서 그렇다고 항의한다. 그렇다면 나 자신은 무슨일을 했는가. 교육자와 종교계의 지도자들이 그 모든 게 정치인의 책임이라고 말할 자격이 있는가. 정치계를 원망하기 전에 종교계나 교육계 지도자들의 잘못이 더 크지 않은가.

99의 도움을 대한민국으로부터 받아 누리고 있으면서 왜 더 도와주지 않느냐고 불평하는 일이 국민다운 도리인가, 라고 묻고 싶어진다.

얼마 전에 신문에서 읽은 기사가 생각난다. 재벌가의 한 사람이었던 종교인이 세금을 안 내다가 세금 징수원들로부터 강제 압류를 당했던 모양이다. 담당자들이 현금 뭉치를 발견하고 압수했다. 그 집 주부가 그것은 교회에 헌금하기 위해 보관해두었는데 그 돈을 가져가면 벌 받는다고 말했다는 것이다. 그런 종교는 있을 수도 없고 있어서도 안 된다. 기업인들이 돈을 벌었다면 벌도록 해준 사람이 누구인가. 선량한 국민들이 아니겠는가.

내 선배 교수 한 사람은 아들들이 미국에 거주하기 때문에 아흔이 된 노구를 무릅쓰고 미국으로 이민을 떠났다. 떠나기 전에 서울 우이동에 있는 4·19 묘역을 찾아 참배를 드렸다. '이제라도 당신네들과 같이 조국을 위해 몸 바칠 기회가 있다면 대한민국을 떠나고 싶지 않다.'고 마음의 기도를 드렸다.

임어당 박사의 강연

1968년이었던 것 같다.

타이완 그 당시는 자유중국이라고 불렸다 에서 한 철학자가 '사상계'사의 초청을 받아 한국에 온 일이 있었다. 그 당시의 한국은 가난과 고난의 시련을 겪고 있었다. 가장 살기 힘든 시대였다. 강사 임어당 박사는 젊은이들에게 희망의 메시지를 전하기 위해 왔던 것이다. 광화문에 있던 시민회관에 모여든 청중의 수가 너무 많아서 광장 일대에 마이크 장치를 했다. 운집한 젊은이들이 길가에까지 모여들고 있었다.

나는 그 많은 젊은 청중을 보고 계속 눈물을 닦았다. 그들은 모두가 희망을 잃고 있었다. 누군가의 사랑과 희망이 있는 메시지를 그렇게 갈망하고 있었다. 바이블에는 목자가 없는 양 떼와 같다는 표현이 있다.

그때 임어당 박사는 이런 얘기를 했다.

선진국가의 젊은이들은 장관이나 사장의 아들딸 같아서 부모의 혜택을 받고 태어났다. 부나 보람의 측면에서 다 올라가 있기 때문에 앞으로는 내려오는 길밖에 없다. 그러나 아시아와 한국의 여러분들은 가난한 농부의 아들딸로 태어났기 때문에 더 내려갈 곳이 없다. 위로 올라갈 길만이 주어져 있다. 그 높은 희망과 가능성이 곧 행복인 것이다. 불평과 원망스러운 마음을 버리고 감사하는 마음과 용기를 갖고 새 출발을 해주길 바란다, 는 간곡한 호소였다.

그분의 지적은 옳았다. 희망은 행복을 안겨주며, 행복은 감사하는 마음과 공존하는 것이 역사의 교훈이다.

다 떠나고 나면
무엇이 남는가

　　　　나이 들면 새로 생기는 것이 더 많을까, 잃어버리는 것이 더 많을까.

50이 넘으면서부터 신체적으로는 잃는 것이 더 많은 것 같다. 건강에도 이상이 생기기 시작하고 갱년기 증상도 뚜렷해진다. 기억력의 쇠퇴도 어쩔 수 없는 변화다. 이성 간의 욕망과 기대도 약화되는 것이 자연스러워진다. 그대로 남는 것이 있다면 소유에 대한 욕망이다. 명예욕도 그중 하나이다. 다른 사람들이 유명해지는 것을 보면 나도 그렇게 되고 싶어진다. 재물에 대한 소유욕도 있다. 남들이 외제 차를 타면 나도 무리해서라도 외제 차를 갖고 싶어진다. 권력과 지배욕도 그 하나이다. 내 선배 교수 한 사람이 장관이 된 적이 있다. 며칠 전까지는 그렇지 않았는데 친구나 후배를 대하는 태도가 달라지는 것을 보았다. 아직은 잃어버리는 것보다 찾아 갖는 것이 더 많은 것 같다.

그러다가 70대 후반부터 80대가 되면 얻어지는 것은 없고, 잃어가는 것이 현저히 많아진다. 그렇게 왕성했던 소유욕까지도 사라진다. 소유해보니까 별것 아니더라는 생각도 들고, 소유해보겠다는 욕심조차도 약화되고 만다. 현상을 유지해가는 것만으로도 감사해야겠다는 소극적인 자세로 바뀐다.

다 잃어버리거나, 모두 떠나버리고 말면, 어떻게 하는가. 무엇이 남는가.

80살 제자를 만나고 오는 길에

지난달이었다.

청주에 사는 내 옛날 제자인 오 군을 찾았다. 그와는 70년 전에 중앙중·고등학교 때 사제 간의 인연이 맺어진 셈이다. 서로가 더 늙기 전에 한 번은 보고 싶어서 시간을 만들어본 것이다. 자기 혼자서는 외출을 하기 힘들고 부인도 건강이 여의치 못해 걱정했는데, 다행히 따님이 찾아왔다가 만날 수 있는 계기를 만들어주었다. 집 가까이 있는 카페에서였다. 지난번 서울에서 만났을 때가 4년 전이었는데 갑자기 쇠약해진 것 같았다. 여러 분야에서 왕성히 활동한 편이었는데 그 모습은 찾을 곳이 없었다. 본래 착하고 욕심이 적었던 편이었다. 지금은 아무 욕심도 없어 보였다. 그저 지금의 건강과 정신 상태가 그대로 몇 해 더 연장되었으면 좋겠다는 자세였다. 안내해주던 따님 생각도 마찬가지였다.

내 제자만 그런 것이 아니다. 먼저 간 친구들도 그랬다. 그렇게 왕성했던 기대와 관심의 대상이 없어진다. 소유에 대한 소망이 없어지는 것이다.

내가 제자와 한 시간 나눈 대화 내용도 극히 축소되어 있었다. 옛날에는 학문, 정치, 사회 문제에 대한 얘기가 대부분이었는데 지금은 그런 얘기를 꺼내는 것이 부담스러워진 것이다. 주로 대화의 내용이 되는 것은 지난날들의 기억들뿐이다.

헤어져 돌아오면서 최근에 나온 내 책을 우편으로 보내겠다고 약속은 했는데 읽을 수 있고 이해할 수 있을까, 하는 생각이 들었다. 사제 간의 정을 잊을 수가 없어 그 제자는 스승의 날과 새해가 되면 전화로 인사를 계속해오곤 했는데 앞으로 몇 번이나 더 그럴 수 있을까, 싶었다. 나 자신도 언제 어떤 변화를 맞게 될지 모르면서…….

번잡한 시가지 도로에서 헤어졌기 때문에 차를 타는 대로 곧 떠나야 했다. 내 제자가, 운전하는 여인을 보면서 "누구시냐."고 나에게 물었다. 가까운 분인데, 인근에 큰아버지의 문상을 마치고 가는 길에 차편을 제공받았다고 설명을 마치고 급하게 떠나야 했다. 뒤의 차들이 대기하고 있었다.

떠나오면서 나 혼자 생각해보았다. 내 제자에게 "내 여자친구야!"라고 말을 했으면 얼마나 좋았을까, 하는 생각이 떠올랐다.

내 제자는 그동안 말은 하지 않았지만 내 아내가 오랜 병중에 있었던 것을 알고 지냈다. 또 내가 상배(喪配)하고 오랫동안 혼자 지낸다는 것도 잘 알고 있다. 내가 거짓말로 내 여자친구라고 했으면 내 제자는 대단히 좋아했을 것이다. 잘되었다고 기뻐했을 것이다. 그리고 자기 부인과 딸에게 "우리 선생님이 최고야, 그 나이에 여자친구와 같은 차를 타고 다니시고……"라면서 자랑했을 것이다. 속으로는 내가 혼자 지내는 것을 마음 무겁게 여기고 있었으니까. 아직도 전화로 연락하는 동창들이 있다면 "내가 선생님이 여자친구와 차를 타고 가시는 것을 배웅했다니까……"라며 좋아서 자랑했을 것이다. 사랑의 정들이 있었으니까. 나도 오 군의 동창 중 혼자된 제자를 보면, '더 늦기 전에 재혼을 했으면 좋겠는데……' 하는 기대를 갖고 있었으니까. 내 친구였던 안병욱 교수도 친구인 조요한 총장이 혼자 지내는 것이 안쓰러워 나만 만나면 걱정을 하곤 했었다.

내 제자는 따님과 같이 가정으로 돌아가 내가 오래 건강하며 많은 일을 할 수 있기를 바랐을 것이다. 가정에는 인생의 마지막까지 사랑이 남아 있으니까.

자동차 안에 있는 시간이 길었기 때문에 몇 가지 생각을 정리해 보았다. 다시 한 번 떠오른 생각이다. 인생이란 무엇인가. '나는 사랑한다. 그러므로 내가 있다.'는 명제가 가장 적절한 대답이다.

93세 되는 가을, 나는 자다가 깨어나 메모를 남기고 다시 잠들었다.

나에게는 두 별이 있었다.
진리를 향하는 그리움과
겨레를 위하는 마음이었다.
그 짐은 무거웠으나
사랑이 있었기에 행복했다.

"나는 행복했습니다, 여러분도 행복하십시오"

그것이 내 인생이었다. 나도 모든 사람이 걷는 인생의 길을 걸었다. 다른 점이 있었다면, 무엇을 위해 살았는가, 함에 차이가 있었을 것이다. 그리고 어떻게 살았는가, 라고 물었을 때에 부끄럽지만 내 나름대로의 대답이 있었다. 사랑하기 위해 살았다, 는.

나도 가난이 어떤 것인지를 체험했다. 나를 대학 공부시킨다고, 고향의 어머니께서 어떤 고생을 하셨는지 알았을 때에는 눈물을 흘리기도 했다. 여섯이나 되는 어린것들을 이끌고 남다른 고생을 했다. 모두가 석사, 박사 과정을 마치도록 뒷바라지를 했다. 탈북과 전쟁의 소용돌이 속에서였다. 남다른 고생이었으나, 사랑이 있었기에 누구보다도 행복했다.

지금 생각해보면 부끄러운 후회가 많아도, 제자들을 위하고 기대하는 바가 컸었다. 더 위해주지 못한 것이 후회스럽다. 그래도 그 사랑의 열매가 남았기에 고맙고 감사한 마음이다.

탈북을 했고 실향민이 되었다. 경험해보지 못한 사람은 그 고생을 모른다. 그랬기에 다른 사람들보다는 대한민국을 조금은 더 걱정하면서 살아야 했다. 대한민국을 위해서라면 더 큰 짐도 져야 한다고 믿고 있다. 대한민국의 혜택을 너무 많이 받고 살았기 때문이다.

향백向百의 나이가 된 지금도 누군가가 저기에 진리가 있다고 한다면 따라갈 마음의 준비를 갖추고 있다. 진리를 위해서라면 나의 모든 것을 바치고 싶은 마음이다.

나의 철학과 선배 교수가 하던 말이 잊히지 않는다. "이것이 내가 사모하고 찾던 진리였구나, 하는 경지에 도달한다면 진리의 여신의 옷자락을 붙들고 한없이 울고 싶다."던……

나 같은 사람은 애국심을 얘기할 자격이 없다. 나보다 훌륭한 애국자가 너무 많았기 때문이다. 그래도 나라를 사랑하고 싶다. 모든 것을 바쳐서 사랑하고 싶다. 나의 노력과 희생 때문에 좀 더 많은 사람이 행복해질 수 있다면 주어진 시간이 끝날 때까지 위해주고 싶다. 내가 더 큰 사랑을 받고 살았기 때문이다.

모든 사람이 그러하듯이 나도 나이 들면서 많은 것을 잃어가고 있다. 90고개를 넘기면서는 나를 위해 남기고 싶은 것은 다 없어진 것 같았다. 오직 남은 것 한 가지가 있다면 더 많은 사람에게 더 큰 사랑을 베풀 수 있었으면 감사하겠다는 마음뿐이다.

그 마음밖에는 남을 것이 없을 것 같다. 요한 바오로 2세가 "나는 행복했습니다. 여러분도 행복하십시오."라는 말을 남기고 눈을 감았다는 사실을 전해 들었다.

남는 것은 사랑이 있는 고생뿐인 것 같다. 죽을 때까지 그 마음을 간직할 수만 있다면 그는 모든 것을 잃어도 그보다 몇 배나 소중한 것을 찾아 지니게 될 것 같다.

그렇게 살 수만 있다면……….

2
사랑 있는 고생이
기쁨이었네

결혼과 가정

결혼에 대한
생각이 바뀌고 있다

내가 잘 아는 여학생 제자가 있었다. 교회에서 거행되는 친구의 결혼식을 축하해주기 위해 참석했다. 진행되는 절차와 선서하는 내용들을 경청하고 나오면서 하는 말이었다. "나는 무서워서 저런 결혼은 못하겠다." 지킬 수 없는 맹세를 너무 쉽게 요구하는 것으로 느꼈던 것이다.

그래도 나와 우리 세대에만 해도 결혼은 필수조건이었다. 시골 마을에 결혼을 못한 노총각이 있든가 노처녀가 있으면 모두가 걱정해주었다. 스무 살만 되어도 부모들은 딸이 시집을 가야 할 텐데, 라고 걱정했다. 내 누나는 17세에 약혼을 했다. 상대방 가정에서 점찍어두었기 때문이다. 다들 적당한 나이에 혼인을 맺는다고 부러워했다. 결혼은 해야 하고, 하지 않으면 자식 된 도리를 다하지 못한 것으로 여겨지기도 했다.

필수가 아니라 선택

생각해보면 내 아들딸들 때에만 해도 결혼은 필수조건이었던 것 같다. 딸들이 외국에 유학을 가게 되면 혼기를 놓칠 것 같아 유학을 미루거나 포기하기도 했다. 나는 두 아들과 네 딸을 두었는데 모두가 결혼은 해야 하고, 늦기 전에 결혼을 해야 자녀들을 낳을 수 있다고 생각했다. 딸들은 대학원을 끝내면서 결혼을 했다. 아들들은 학업을 끝내고 직장관계가 있으니까, 좀 늦게 결혼했다. 늦었지만 결혼은 해야 하는 것으로 믿고 있었다.

그런데 내 손주들의 생각은 완전히 달라졌다. 결혼은 필수조건이 아니고 선택조건으로 바뀌었다. 할 수도 있고 안 해도 그만이라는 생각이다. 남자애들만 그런 것이 아니다. 여자애들까지도 그렇게 생각하고 있다. 내 아들딸들의 큰 걱정거리는 손녀들의 결혼 문제이다. 늦어지기도 한 데다 결혼을 꼭 해야 한다는 생각을 갖지 않기 때문이다.

며칠 전에는 미국에 사는 셋째 딸이 전화를 걸어왔다. 무슨 얘기를 하다가, "아버지, 우리들 딸 넷이 일찌감치 다 결혼한 것을 큰 효도라고 생각하세요. 그때는 몰랐는데 애들을 키워보니까 속 썩이지 않고 결혼하는 것이 제일 큰 효도던데요?"라는 것이다. 내 외손주인 아들딸이 다 의과대학에 다니고 있다. 전문의가 되기까지는 긴 세월이 걸린다. 그런데 의과대학 과정을 끝내게 되면 이제는 '결혼을 꼭 해야 하나' 하는 생각으로 바뀐다. 조건이 맞고 때가 되면 하고, 그렇지 않으면 혼자 편하게 살지, 하는 생각이라는 것이다. 아들은 결혼을 안 하면 외아들이기 때문에 대가 끊어지고 딸은 혼자 살게 되면 부모들의 마음이 안타까울 정도로 불안해지고……. 생각하면 걱정이 태산 같아지니까, 자식들이 다 제때에 결혼하는 것이 부모에 대한 효도라는 것이다. 역시 인생은 겪어보아야 깨닫게 되어 있다.

5, 6년 전에 우리 대학 경제학과와 경영학과를 졸업한 제자들의 모임에 간 일이 있었다. 모두가 70대 전후였다. 전공과목이 그랬기 때문에 경제적으로는 모두 안정되어 있는 동기들이다.

여기저기 테이블에 5, 6명씩 둘러앉아 나누는 얘기 가운데 걱정거리는 딸들이 결혼을 하지 않으려 한다는 것이었다. 하기는 나와 같이 근무했던 두 교수도 모두 후회하는 답답함을 호소하고 있었다. 아비 된 책임을 다하기 위해 막내딸을 결혼시켜야 하겠는데 결혼식을 치르지 못하고 세상을 떠나게 되었다는 것이다. 다른 집의 딸들은 50대가 되었는데도 결혼을 안 하고 독신으로 지내고 있었다. 그러니까 그 어머니들의 마음이야 얼마나 답답하겠는가.

내 제자들의 얘기는 다 비슷했다. 대학을 졸업할 때, 철들기 전에 시집을 보내야 하는데 대학원까지 보낸 것이 잘못이라는 것이다. 또 유능한 딸이 더 공부하겠다는데 반대할 수도 없고, 대학원을 끝내고 직장을 갖게 되니까 결혼해서 구속을 받는 것보다는 독립된 자유가 더 좋다는 것이다.

지금은 그것이 사회 문제가 되어버렸다. 일찍이 아들딸들을 결혼시킨 친구들을 보면 잘했다고 축하도 해주며 부러워하기도 한다.

그런데 따져보면 서구사회에서는 이런 결혼관의 변화가 생긴지 오래다. 거기에는 우리와 다른 결혼문화가 먼저 발생했기 때문이다.

부부인 듯 친구인 듯

내가 대학에 있을 때 독일 프라이부르크대학을 방문한 일이 있었다. 거기에서 두 교수의 경우를 보았다.

홍크라고 하는 물리학 교수는 소아마비를 심하게 앓았기 때문에 신체가 자유롭지 못했다. 그래서 가구공이 되는 것이 젊었을 때 꿈이었는데 신체의 부자유 때문에 학자가 되었다. 그 신체적 허약성으로 독신으로 혼자 사는 것이 힘들었다. 그래서 걱정하다가 지금의 부인과 결혼을 했다. 부인은 그 남편을 돕기 위해 봉사심을 갖고 결혼을 했다. 말하자면 사랑이 있는 선택이었다. 우리 사회 같았으면 그 교수는 결혼하기가 참 힘들었을 것이다. 그 교수는 건강 때문에 좀 일찍 세상을 떠났다. 그 부인은 서울에 다녀가기도 했다. 남편의 옛 친구를 만나기 위해.

또 한 교수는 S라는 철학 교수이다. 그 교수는 자유로운 학문생활을 위해 결혼을 생각지 않고 지냈다. 그러다가 문화 사업을 하는 여자친구가 생겼다. 그 여자는 상당히 자리 잡힌 사업체를 운영하고 있었다. 그러나 결혼을 하고 가정을 이끌어갈 조건이 갖추어지지 않았다. 일이 더 중했던 것이다.

두 사람은 이성친구로 지내기로 약속했다. 대학과 그 여자가 일하는 뮌헨과는 좀 거리가 있다. 시간에 여유가 생기면 주말이나 휴가에는 서로 방문한다. 크리스마스 휴가 때는 스위스로 여행을 떠난다. 그리고 여름방학이 되면 미국이나 일본으로 긴 여행을 함께 한다. 보는 사람들은 부부로 생각하지만 자신들은 친구로 통한다. 부부친구인 셈이다. 우리는 그런 사람들을 내연관계라고 색다른 안경을 끼고 보기를 좋아한다. 그러나 그 두 사람은 그런 믿음과 생활이 훨씬 더 자유롭고 서로 위해주는 남녀관계라고 여기며, 또 주변에서도 인정해준다.

상위층의 지성인이어서 그런 것만은 아니다. 아주 오래전에 고등학교 2학년 때 우리 집에 교환학생으로 1년간 살고 간 어린 여학생이 있다. 그 애도 성년이 된 후에는 남자친구와 동거했다. 그리고 크리스마스나 부모의 생일이 되면 남자친구와 같이 와서 축하도 해주고 일도 돌보아주곤 했다. 결혼은 언제 하느냐고 물으면 아기를 갖게 되면 결혼할 생각이라고 담담히 말한다. 양가의 부모들은 애들의 선택이기 때문에 형식적 결혼을 강요하지 않는다.

국내에서는 아직 그런 수가 많지는 않은 것 같다. 그러나 그런 성격의 결혼 아닌 동거가 늘어나고 있는 것은 사실이다.

자식들이 해결해주지 못하는 고독감

노년기의 색다른 결혼관들도 있다.

나이 들고 자녀들이 성장했을 때 상배를 하는 경우가 있다. 평생을 독신으로 사는 사람들은 혼자 자유로이 사는 것을 더 선호하기도 한다. 그러나 부부가 서로 의지하고 사랑하다가 한쪽이 먼저 가게 되면 그 공허감과 고독감은 경험해보지 않은 사람은 모른다. 먼저 간 사람을 뒤따라 스스로 목숨을 끊는 사람도 있을 정도이다. 또 억지로 그 어려움을 극복하다 보면 성격이나 생활에서 정상 궤도를 벗어나기도 한다.

사랑하는 남편을 먼저 보낸 아내는 대체로 가볍거나 중증인 우울증에 걸린다. 어떤 때는 정서적인 고독 때문에 건강을 해치기도 한다. 내 친구들도 그런 경우가 있다. 80대가 되어 남편을 먼저 보낸 부인은 1, 2년 안에 뒤따라가는 경우가 적지 않다. 고독감에서 오는 우울증이다. 아내를 먼저 보낸 남편도 무척 힘든 세월을 보낸다. 옛날에는 효성스러운 자식들이 있어 괜찮다고 자위해보기도 했으나 그 고독감은 자녀들이 해결해주지 못한다.

내 친구가 있었다. 어머니가 일찍 세상을 떠났다. 부친도 70대가 되었다. 내 친구와 부인은 혼자 있는 아버지를 정성껏 모셨다. 효의 정성을 다해보려고 노력했다. 한번은 은사에게 자신의 그런 처지를 얘기했다. 그랬더니 사회적 경험이 많은 은사가 "그것은 효도가 아니고 불효가 되네. 경제적으로 불가능하다면 모르겠으나, 할 수만 있으면 아버지로 하여금 재혼을 하도록 주선해주게. 그 이상의 효도가 없다니까."라고 알려주었다.

내 친구는 조용한 시간에 부친에게 "여러 가지로 생각해보았는데, 저희들의 마음만으로는 아버지께서 만족하시지 못할 것 같습니다. 혹시 어머니 생각도 나고 따로 사시는 것이 힘들지 모르겠으나 이제는 혼자되신 지 여러 해가 되었으니까, 저희가 새어머니를 모시도록 해볼까요?"라고 의견을 물었다. 잠시 침묵을 지키시던 부친이 "경세적인 부담이 될 것 같은데 따로 살게 되면 가벼운 일자리라도 생겼으면 좋겠다."고 대답했다. 새어머니와 분가한 아버지가 그렇게 좋아하시더라는 얘기였다.

70대 후반이 되면 홀로 남는 할아버지나 할머니가 많아지게 된다. 그때 할머니들은 가족애도 강하고 건강만 하다면 아들딸들이 함께 살자고 요청해 온다. 도움을 받을 수 있으니까 그렇다. 그러나 혼자된 할아버지는 더욱 약해지고 무용지물이 된다. 집에서 잔소리가 많아지고 대접받기를 좋아한다. 그래서 예로부터 경로당이 생겼다. 친구들을 만나 시간을 보내다가 귀가하면 다른 가족들이 편해진다.

이런 현상은 동서양의 구별이 없다. 1960년대에 미국에 있을 때 교회에 가보면 50대 이상의 독신 남녀를 위한 미팅이나 파티를 열어주는 것을 자주 보았다. 서로 만나는 기회를 많이 만들어주면 친구가 되기도 하고 때로는 결혼도 가능해진다. 내가 목사에게 교회에서 예배는 드리지 않고 이런 행사를 왜 열심히 하느냐고 물었더니, 사랑하라고 설교만 하면 문제가 해결되지 않는다, 사랑할 수 있는 기회와 여건을 만들어주어야 할 것이 아니냐고 반문하는 것이었다.

세상에서
가장 허무한 고독

인류 역사가 시작되고 수천 년 동안 우리의 삶의 단위는 가정이었다. 그렇다면 가정은 어떻게 이루어지며 어떤 가정이 행복의 터전이 되고 있는가?

그리스 신화에는 이런 이야기가 있다.

올림포스 산 위에 살던 신들이 지상에 내려와 인간사회를 살펴본 후, 인간들의 우수성과 유능함이 곧 신들보다 앞설 것 같다는 걱정스러운 사실을 발견했다. 그래서 신들이 모여 인간들이 영구히 신들 밑에 복종할 수 있도록 운명적으로 결정지을 방법이 없겠는가, 하고 연구했다. 그래서 찾아낸 방법이, 당시는 남자와 여자로 나누어지지 않고 완전한 동일성이었던 인간을 반씩 쪼개서, 한쪽은 남자를 만들고 다른 한쪽은 여자로 만들어버리는 것이었다. 그다음부터는 인간들이 그 잃어버린 반쪽을 찾아 합치기 위해 다른 발달을 할 수가 없어 신들보다 앞서지 못하게 되었다는 이야기다.

재미있는 신화이기는 하나, 그 속에서 우리는 잠재해 있는 인간적 본성의 두 가지 의미를 느낄 수 있을 것 같다. 그 하나는 남녀간의 애모심이 얼마나 본능적이며 절대적인가 하는 것이다. 반으로 나누어지기 전의 인간은 나름대로의 삶의 가치와 목적이 있었을 것이다. 따라서 뒤따르는 문제는, 짝을 찾은 뒤에는 무엇을 할 것인가 하는 문제이다. 다시 말하면 남녀가 사랑하고 결혼을 해 가정을 갖게 되면 그 가정적 의무와 책임은 무엇인가, 하는 과제이다.

결혼할 자격이 없는 사람

남녀가 서로 사랑해 결혼하고 가정을 이룬다는 것은 자연스럽고 성스러운 인간적 의무이다.

완전한 삶을 위한 필수적 과정이다.

그런데 왜 그렇게 이루어진 결혼이 이혼이 되기도 하며 가정적 불화를 초래하게 되는가.

사랑하고 결혼할 자격이 없는 사람이 무책임하게 결혼을 하기 때문이다. 무자격자의 가장 큰 특징은 이기적 인생관과 가치관이다. 이기주의자는 가정과 사회에서 버림받도록 되어 있다. 이기주의자들이 세력을 갖거나 사회를 움직이게 되면 그 결과는 인간적 고통과 불행을 가중시킬 뿐이다.

　이기주의자들은 사랑다운 사랑을 할 자격이 없다. 흔히 결혼했다가 파혼을 하거나 이혼을 한 사람들은 성격의 차이 때문이라고 말한다. 성격은 같을 수가 없다. 또 달라야 하는 것이 자연스러운 현상이다. 같은 성격이라면 성장과 발전도 없고 새 것을 창출해 내는 행복도 사라진다. 달라서 더 귀하고 행복한 것이다.

　그런 것은 성격의 차이가 아니다. 자신도 모르게 안고 있는 이기심을 극복하지 못한 때문이다.

　내가 옆에서 잘 알면서 오래 지켜본 한 가정이 있다. 부부가 다 개인적으로는 유능하며 사회적 인정을 받는 직업도 가지고 있었다. 밖에서 보면 행복한 가정이다.

　그러나 나는 옆에서 보면서 지 부부는 밖에서 보는 것과 같이 행복하지는 못할 것이라고 생각했다. 다 높은 교육을 받은 사람들이다. 그런데 두 사람 다 철저한 이기주의자들이다. 마음의 문을 닫고 있으면서 줄 것은 주고, 받을 것은 받아야 한다. 서로가 상대방이 위해주기를 바랄 뿐, 내가 먼저 위해주고 싶다는 생각이 결혼 후부터 점점 줄어들기 시작했다. 그 거리가 멀어지면서 위해주는 마음과 정보다는 합리적인 타산이 앞서곤 했다. 나이 들면서 그 병폐가 더 심해졌다. 70이 넘어서는 서로 관심 없이 별거생활을 했다. 정신적 이혼과 마찬가지였다.

　이기주의자는 사랑을 못한다. 사랑할 자격을 스스로 포기한다.

그래서 가정과 사회에서 외면당하거나 버림을 받는다.

결혼은 사랑의 출발

사랑의 나무는 조심스럽게 키워가는 것이다. 사랑은 결혼으로 완성되는 것이 아니다. 결혼은 사랑의 출발이다. 사랑의 성장은 정성스러운 반성과 노력에서 이루어진다.

사랑의 나무가 자라는 데는 3가지쯤의 과정이 있을 것 같다. 그 첫째 과정은 애욕의 과정이다. 인간에게 성적 본능과 욕망이 없다면 오늘과 같은 인류의 번성은 불가능했을 것이다. 어떤 종교에서는 성적 욕망을 죄악시해서 금욕주의를 존중하는 과거가 있었다. 그러나 그것은 인간의 본성을 부정하는 잘못이다. 금욕주의를 강요했을 때 나타나는 부작용은 자유로운 인격적 성장을 해치는 결과를 낳는다. 그렇다고 애욕이 사랑의 전부라는 관념도 크게 잘못되어 있다. 욕정을 채우기 위해 인생을 사는 것은 아니다. 대체로 보면 젊었을 때는 애욕이 사랑의 본령인 것같이 착각한다. 애욕은 소중한 본능이다. 그러나 남녀 간의 사랑의 전부도 아니며 목적도 아니다. 그렇다고 죄악도 아니다.

애욕은 사랑의 나무가 자라면서 애정으로 승화된다. 결혼생활을 쌓아가다 보면 사랑의 정이 얼마나 강한지를 깨닫게 된다. 애정이 애욕을 포용해서 더 넓고 높은 사랑으로 이끌어간다. 그러다가 자녀들이 태어나면서 가정의 구성원이 부부에서 자녀에게 까지 확대되면 사랑의 내용도 바뀌게 된다.

흔히 듣는 얘기가 있다. 일본에서는 부부가 이혼을 결정한 후에도 막내가 결혼할 때까지는 이혼을 보류하는 것을 부모의 도리라고 여긴다. 우리의 가정도 그렇다. 딸이 어머니에게 요청한다. 아버지와 이혼하는 것은 좋은데 내가 시집갈 때까지는 참아주면 좋겠다는 사랑의 요청이 그런 것이다.

남녀 중심의 가정이 부모와 자녀 중심의 가정으로 확대 성장한 것이다. 나는 특별한 경우를 제외하고는 결혼의 목적은 자녀를 낳아서 키우는 데 있다고 생각한다. 불가능했거나 불가피했다면 이해할 수가 있다. 그러나 자녀를 낳아서 키우는 것을 의도적으로 거부하는 것은 가정을 위한 사랑의 도리가 아니라고 생각한다.

애욕과 애정, 그리고 인간애

내 친구 한 가정은 어린애가 없었다. 아내가 불임이었기 때문이다. 50대에 접어들기 시작했다. 그래서 집에 닭도 키워보고, 강아지에 정을 두어보면서 지냈다. 가까운 친구들이 입양을 강권하다시피 해서 딸을 입양했다. 처음 경험하는 일이었기 때문에 어린 딸 때문에 고생도 많이 했다. 병원에도 다녀야 하고 학교 교육을 위해서 애를 태우곤 했다. 그러는 동안에 아버지와 어머니의 사랑이 있는 고생이 값있는 행복이라는 사실도 깨닫기 시작했다. 그다음부터는 자기네들과 비슷한 부부를 만나면 앞장서서 입양을 권고하기에 이르렀다. 그 사랑의 대가만큼 보람과 행복이 컸던 것이다.

그런 위치에까지 이르게 되면 애욕은 자취를 감추고 애정이 인간애의 경지에까지 이르게 된다. 내 아내는 20여 년을 병중에 있었다. 긴 투병과 간병 끝에 세상을 떠났다. 사람들은 내가 큰 고생을 했겠다고 말한다. 내 아내의 친구들은 남편에게 "당신도 내가 20년 동안 환자로 지내면 김 교수님같이 돌보아줄 수 있겠어?"라고 농담 삼아 묻곤 했다. 그러면 남편들은 "노력은 하겠지만 자신은 없어……."라고 대답해서 야단을 맞았다는 농담도 했다.

그러나 막상 그런 상황에 부닥쳐보라. 20년이 언제 어떻게 지나갔는지 모른다. 나도 23년이 4, 5년같이 짧게 느껴지곤 한다. 결혼 초 같으면 힘들었을지 모른다. 아들딸들의 협조가 없었다면 힘들었을 것 같다. 그러나 힘들지 않게 그 무거운 짐을 질 수 있었던 것은 수십 년의 애정과 가정의 사랑이 인간애로까지 승화되었기 때문이다. 그리고 그 인간애가 이웃의 환자를 위하게도 된다. 고난을 겪고 있는 사람들에게 사랑의 봉사를 할 수 있음을 감사하게 생각하게도 만든다. 인간애만큼 소중한 것이 없다는 것을 깨닫게 된다.

자녀들을 키워보지 못한 사람들은 그 사랑의 짐을 져본 일이 없기 때문에 그 사랑의 고귀함을 모른다. 그래서 사랑이 있는 눈물의 값이 귀한 것이다. 나는 자신과 부부의 즐거움을 위해 자녀를 낳아 키우는 것을 거부한다면 그들은 가정이 무엇인가를 완전히 체험하지 못하는 인생을 산다고 생각한다. 실연을 해도 사랑을 해보는 것이 귀하다. 인간적 성장이 더 귀하기 때문이다. 자녀들을 위한 부모의 희생만큼 고귀한 사랑은 없다.

그러면 그 아들딸들이 왜 그렇게 소중한가. 내가 베풀어준 사랑으로 이웃과 사회에 봉사할 수 있기 때문이다. 내 아들딸들이 성공했다거나 사회적으로 존경을 받으면 부모는 행복과 보람을 느낀다. 누구누구의 아버지, 그 아들딸들의 어머니로서 받는 존경심은 인생에서 가장 큰 감사와 행복의 조건이 된다.

사랑의 나무에는 많은 열매를 맺어야 한다. 그 열매가 자녀들이다. 그리고 그 열매는 이웃과 사회를 위해 베푸는 사랑과 봉사다.

나는 이런 인간애를 모르는 인생은 고귀한 삶이었다고는 생각지 않는다. 늙어서도 애욕이 사랑의 전부라고 생각하는 사람들이 있다. 진정한 애정을 느끼지 못한 부부는 사랑을 모르는 빈 그릇과 같은 시간을 보냈다고 느껴지기도 한다.

젊었을 때, 독일의 철학자 쇼펜하우어의 책을 읽었다. 그는 철학적인 뜻도 있어 결혼을 거부했다. 그런데 솔직히 고백하고 있다. 세상에서 가장 허무한 고독을 느끼는 사람은 자녀들이 없이 인생을 마감하는 사람이라고.

쇼펜하우어의 철학을 계승한 니체는 독일은 물론 세계적으로 많은 독자를 지닌 철학자였고, 시인이었다. 지금 한국에서도 가장 폭넓은 애독자들을 가지고 있다. 젊었을 때는 나도 그의 애독자였다. 그는 정신병을 오랫동안 앓았고 가장 쓸쓸한 말년을 보냈다. 그를 사랑했던 여동생의 기록에 따르면, 오빠가 정신병자로 지내면서 서산에 지는 해를 물끄러미 바라다보는 모습을 보면서 눈물을 흘리곤 했다고 한다. 고독한 천재가 지는 태양을 보고 있었던 것이다.

지금 생각해보면 두 철학자는 모든 사람이 누리는 평범하고도 따뜻한 사랑을 체험하지 못했던 것 같다.

재혼을 했으면
더 행복했을까

몇 해 전 저녁이었다. 그날도 혼자서 식사를 끝내고 식당을 나서려고 했다. 문가에 서 있던 여직원 셋 중의 한 사람이 말을 건네 왔다.

왜 항상 혼자서 식사를 하느냐는 것이다. 그날은 비가 와서 손님이 적었으나 손님이 많을 때는 혼자서 네 사람의 자리를 차지하는 것이 미안했기 때문에 "그러지 않아도 혼자 넓은 자리를 차지해서 미안하다."고 말했더니, 옆에 있던 여자가 "그런 뜻이 아니고요. 사모님과 함께 오시면 좋을 텐데 혼자 오시곤 하니까 좀 쓸쓸해 보여서……."라는 것이다.

나는 적당한 대답을 찾을 수가 없어서 "그래야겠는데, 어쩌다 보니까 자꾸 늦어져서 아직 결혼을 못하고 있다."고 말했다. 사실인 것 같기도 했다. 아내를 보내고 혼자된 지 7, 8년이 지난 때였으니까.

내 얘기를 들은 처음 여자가 "아! 아! 그랬었구나!"라고 했다.

또 다른 아가씨가 "늦어도 너무 늦었다. 더 늦기 전에 서두르세요. 오늘 같은 날에는 사모님이 같이 오셨으면 좋았을 텐데……."라는 것이다. 내가 "이다음에 같이 오면 더 좋은 것으로 대접해줄 것 같은데."라고 했더니 "저희들이 합심해서 공짜로 축하해드릴게요."라면서 웃었다.

우산을 받쳐 들고 길가로 나섰다. 계속 비가 내리고 있었다.

아마 내 나이를 70대쯤으로 보았던 모양이다. 나는 그렇지 않은데, 혼자 식사를 하는 것이 안쓰럽고 측은해 보였던 것 같았다. 그런 모습은 보이고 싶지 않았는데…….

어머니가 했던 이야기가 생각났다.

어떤 사람이 한여름에 날씨가 얼마나 더운지 시험해보려고 솜바지 저고리를 입고 나가 다녀보았다. 그 사람은 땀투성이가 되어 돌아왔는데, 그 모습을 지켜본 사람이 더위를 먹고 죽었다는 얘기다.

나는 아내를 보내고 몇 해 동안 그런대로 지냈는데 보는 사람들이 나보다 더 내 신세가 초라해 보였던 모양이다. 내 친구 교수가 상배하고 1년쯤 지났을 때 만난 일이 있다. 그런데 내가 보아도 몹시 초라해 보였던 기억이 났다. 만나는 사람들이 "외롭지 않으냐?"고 묻기도 하고, 어떻게 지내느냐고 걱정하던 심정을 짐작할 수 있을 것 같았다.

한 발로 서 있는 것 같은 쓸쓸함

내 제자 중의 하나가 부인을 먼저 보내고 혼자 지낼 때였다. 광화문의 약속 장소에서 만났다. 선입견을 가지고 봐서 그랬는지 참 안되었다 싶은 생각이 들었다. 교수로 있다가 70대 초반에 혼자되었다. 사별하고 얼마 안 되었을 때는 말하는 것이 이상했다. 한번은 흠 없는 사이기 때문에 여건이 허락되면 재혼을 하라고 충고한 일이 있었다. 그러겠다고 대답은 했는데, 뜻대로 안 되는 것 같았다. 80을 넘기고 말았다. 왜 그런지 그 제자가 한 발로 서 있는 것 같은 쓸쓸함을 풍기고 있었다. 옛날같이 단정한 옷차림도 아니었다. 나에게 자기가 쓴 책을 선사하고는 헤어져 갔다. 그 뒷모습이 실체이기보다는 그림자 같다고 느껴졌다.

남들이 보면 나도 그런 모습일지 모르겠다. 내가 84세 때 20여 년을 병중에 있던 아내가 내 곁을 떠났다. 그보다 7년 전에는 100세를 사셨던 어머니가 먼저 세상을 떠났다. 어머니가 가셨을 때는 두 어깨에 짊어지고 있던 쌀가마니 하나를 내려놓은 것 같은 허전함을 느꼈다. 슬프기는 했으나 고마운 마음도 있었다. 백수를 사실 때까지 건강하셨고 자식이나 손주들에게 짐이 되지 않았다. 그리고 병중에 있는 아내보다 먼저 갔으면 좋겠다고 말하곤 했는데, 그렇게 되었다. 그러다가 아내마저 보내고 나니까 나머지 쌀가마니까지 내려놓은 것 같은 느낌이었다. 짐은 내려놓았는데 나는 앞으로 어떻게 하지? 하는 허전함을 느꼈다. 어머니의 마지막 유언은 "집이 비어서 어떻게 하지?"라는 걱정이었다. '네 처까지 가게 되면 재혼이라도 하라'는 뜻이었다. 아들이 혼자 남을 생각을 하니까 마음이 놓이지 않았던 것 같다.

아내가 내 곁을 떠나고 2, 3년 동안은 주어진 일들을 열심히 하면서 보냈다. 재혼 문제는 고려해보지도 못했다. 내 친구들의 경우와 후배 교수들의 재혼에 관한 얘기들을 음미해보기는 했다.

대학 총장을 지낸 동년배의 친구는 상배를 하고 혼자 지냈다. 파출부가 와서 가사를 도왔다. 3, 4년을 지내고 보니까 집 안 물건들의 대부분이 어디로 갔는지 사라지고 말았다. 파출부의 성의도 이전만 못해졌다. 혼자 지내는 것이 더 힘들어졌다. 두 아들 집보다는 딸의 집으로 거처를 옮겼다. 겨우 1년쯤 지난 후에 다시 전 단독주택으로 돌아왔다. 딸과 사위의 정성은 좋았으나 자신이 자유롭지 못했다. 사람들에게는 자신의 성격 때문에 더 함께 있지 못했다고 말하곤 했다. 이후 아들딸들이 상의를 하다가 늦게 재혼을 추진했다. 마음에 드는 상대가 있어 여러 가지 좋은 조건으로 결혼을 했다. 그러나 4, 5년 후에 세상을 떠났다. 고령이었기 때문이다.

음대의 H교수는 나와 동갑이기도 했고 성격이 원만한 편이었다. 후배와 제자들의 존경도 받고 있었다. 80대 초반에 부인이 뇌종양으로 세상을 떠났다. 막내딸이 미혼이었기 때문에 그런대로 살림살이에는 불편이 없었다. 나와 비슷한 처지여서 숨김없는 얘기도 하곤 했다. 그때까지는 내 아내도 병중에 있었다. 내가 오래 간병하고 있는 것을 잘 알고 있었다. 그 교수의 아내는 발병하고 3년 동안에 두 번 수술을 받았으나 더 손쓸 수도 없어 갔다면서, 병중이라고 해도 한 5년쯤은 더 있었으면 좋았겠다, 고 얘기했다. 너무 빨리 떠났다는 허전함을 느꼈던 것 같다.

그가 제자들과 같이 미국에 연주 여행을 갔다가 한 여인을 소개받았다. 여러 가지로 나무랄 데가 없었고 서로 충분히 이해할 수 있어 재혼을 결심했다. 결혼하고 한국으로 돌아왔다. H교수는 마음씨도 고왔지만 건강도 좋은 편이었다.

그를 잘 아는 친구들은 노후에 행복한 여생을 보냈으면 좋겠다고 축하해주었다. 그리고 3년쯤 지났을까? H교수가 다시 헤어졌다는 소문이 들렸다. 내가 그 사실을 알게 되어, "왜 그랬느냐."고 물었더니, "늙어서 재혼한다는 것이 쉽지 않아. 서로 이해도 했고 도와주어야 한다고 생각했는데……. 인생관의 차이였는지 모르겠어. 더 오래 지내다가는 사랑하는 정마저 깨질 것 같아서 서로 옛날로 돌아가자고 했지. 더 같이 있어 힘들게 헤어지는 것보다는 친구로 서로 위로해주는 것이 좋을 것 같아서 그렇게 하기로 했어."라고 말했다.

왜 헤어져야 했는지는 당사자 외에는 누구도 확실히는 모른다. 어떤 친구는 결혼을 못한 성장한 딸이 한집에 산 것이 좋지 못했다고 말했다. 그런 경우는 딸이 별거했어야 하는데 그렇게 할 수 없었던 것이 원인이라는 것이다. 또 다른 친구는 "늙으면 과거의 정의 밧줄이 있어 싸우면서라도 끊을 수 없어 같이 사는 법인데, 여든이 넘어 만났으니 무슨 정의 줄이 있었겠어? 지금까지 서로 다른 인생관을 갖고 살았지 않아?"라고 했다. 그럴 것 같기도 했다. 50년씩이나 다른 이의 남편과 아내로 살았는데 2, 3년 동안에 어떻게 그 길었던 과거를 잊거나 청산할 수가 있나, 부부로 살기 보다는 친구로 지내는 편이 좋지, 결혼한 것이 잘못이지……, 라는 의견이기도 했다.

내 아내와 같은 여성이라면

그런 사실들을 간접적으로 알면서 지나는 동안에 또 몇 해가 지나 90고개를 맞고 넘기게 되었다. 나도 그랬으나 가족들과 친지들도 이제는 혼자서 인생을 끝낼 것으로 여기게 되었다.

그렇게 되니까 다시 한 번 아내와의 50여 년을 회상해보았다. 내 아내는 인생의 목표가 나를 돕는 데 있었다. 내가 없으면 삶의 모든 미래와 희망이 없었을지도 모른다. 물론 애들이 있으니까 절망은 없었을 것이다. 그러나 살아 있는 동안은 내가 인생의 전부였다. 그리고 나를 위하는 길은, 내가 사회적으로 값있는 일과 봉사를 많이 하게 하는 것이었다. 내 아내는, 내 남편은 내가 도울

수 있어서 더 많은 일을 했다면 그것으로 행복한 인생을 살았다.

그래서 90이 넘으면서부터는 내 아내와 같은 제2의 여성이 있었으면 좋겠다는 마음을 갖게 되었다. 지금 나에게 중요한 것은 나를 위한 위안보다는 사회적 봉사가 더 중한 목적이기 때문이다. 90이 넘도록 건강하게 일할 수 있다는 것은 나를 위한 특전이나 축복이 아니라 더 보람 있는 삶을 위해 주어진 기회라고 믿게 되었다.

그리고 더 귀한 뜻과 목표가 주어지면, 다른 부수적인 것들은 뒤따르는 것으로 되어 있는 것이 보통이다. 먼저 할 것과 후에 해도 되는 것이 있고, 더 귀한 것과 덜 귀한 것이 있는 것이 인생의 선택인 것 같기도 하다.

황혼기 이혼에
관하여

셰익스피어의 말일 것이다. "결혼을 하지 마라, 후회할 것이다. 결혼을 해보라, 그래도 후회할 것이다."

크고 작은 차이는 있으나 어느 쪽이든 후회는 있기 마련이다. 후회가 있어야 반성도 하고 성장도 있는 법이다.

결혼을 했다가 후회스러워지면, 지금의 결혼생활보다 더 좋은 미래가 있을까 싶어 선택하는 것이 이혼이다. 따라서 이혼을 한 후에는 두 갈래의 길이 남는다. 독신으로 지내든가 다시 새로운 결혼을 하든가이다.

이혼하는 부부가 점점 많아지면서 요즘은 이혼이 최선을 위한 차선의 한 방법인 것 같은 인정을 받고 있다. 부부가 각자 더 좋은 삶을 위해 헤어진다는 것에 누구도 반대하거나 막을 권리는 없다. 있다면 자녀들일 것이다. 그런데 요즘은 성장한 자녀들이 부모의 행복을 거부하지는 않는다.

그래서인지 이혼할 수도 있다는 예방적 사고에서 결혼을 하지 않는 동거 남녀가 늘어나고 있다. 또 살아보다가 불만스러우면 헤어지면 된다는 잠재적 조건 때문에 결혼을 너무 가볍게 보는 좋지 못한 풍토도 생겼다. 너무 가볍게 여긴다는 것은 결혼에 뒤따르는 권리와 의무는 찾아보지 않는다는 뜻이다.

그런 약점을 안고 결혼하는 사람들이 후에 이혼하는 경우가 많다. 다시 말하면 결혼의 필수조건인 사랑의 조건이 채워지지 않은 결혼도 있고, 인간적으로 충분히 상대방을 이해하지 못한 결혼도 있다. 상대방이 무엇을 위해 어떻게 살 사람인가는 생각지 않는다. 적어도 내 남편, 부인이 50세나 60세쯤 되었을 때, 이런 인생을 살게 되지 않을까를 고려해보지도 않는다.

내가 주변에서 본, 이혼할 수밖에 없어 이혼한 경우가 있다. 그들은 상대방의 외모와 부수적 조건 때문에 결혼한 사람들이다.

이혼을 예상한 결혼

내가 아는 한 주부는 치과의사로 열심히 일하고 있다. 대학 때 만난 남자친구는 조선왕조 때부터 물려받은 재산이 있었다. 그러니까 그 재산 관리가 남편의 직업을 대신하게 되었다. 그러는 동안에 물려받은 재산은 점점 축소되고 하는 일은 없이 지냈다. 70세가 지나고 보니까 큰 수입은 아니나 부인의 노력은 보람이 있는데, 남편은 친구들과 놀러 다니는 노년기로 전락해버렸다.

상대방의 인간성이나 인격, 장래성보다는 집안의 명예, 갖고 있는 감투, 누구누구의 아들과 딸, 이런 조건들을 보고 결혼했다가 후회하거나 늦은 이혼을 택하는 이들도 있다.

또 어떤 이들은 성격이나 양가의 전통의 차이는 어느 정도 극복할 수 있으나 편견이 심한 종교적 가치관 때문에 행복한 가정을 유지하지 못하는 이들도 있다.

내가 70년대에 겪은 일이다.

신앙생활을 유지하고 있던 제자 교수가 미국에 살고 있었다. 성격과 교수의 자질을 갖춘 좋은 부부였다. 그런데 내가 다른 대학에 머물고 있을 때 나를 초청했다. 며칠 같이 지내고 싶다는 요청이었다. 그 부부가 나를 찾은 이유는 종교적 신앙의 문제 때문이었다.

남편 교수는 나를 통해서 신앙생활을 하다가 자신이 다니는 한인교회의 목사를 둘러싼 분규 때문에 더 신앙생활을 유지할 수가 없었다. 신앙인이라는 사람들이 상식과 교양을 갖춘 사회인들보다 더 수준 이하의 갈등과 대립을 저지르고 있었던 것이다.

그런데 그 부인의 아버지는 그 당시 한국에서도 잘 알려진 특별한 기독교 교단의 총책임자였다. 교리를 따르지 않으면 구원이 없다고 주장하며 심지어는 남자들의 군 복무까지도 거부하는 교단이었다. 그 부친 밑에서 신앙적 교육을 받은 딸은 미국에 와서 공부를 하면서 아버지가 주도하는 교단만 아니라 기독교 자체까지 거부하는 반反종교인이 된 것이다. 스스로를 무신론자로 이끌고 간 상태였다.

나는 그 부부에게 두 가지 권고를 했다. 신앙은 교회를 따르는 것도 아니며 어떤 인간적 교리에서 인생을 해석하는 것도 아니다. 교회에 나가지 않아도 좋지만, 부친과 신앙이 다르다고 해서 신앙 자체를 버리는 것도 최선의 길은 못 된다. 일요일이 되면 둘이서 바이블을 같이 읽으면서 예수께서 우리에게 무엇을 가르치고 원하고 있는가를 찾아보라. 그 가르침을 나의 인생관과 가치관으로 받아들일 수 있으면 받아들여라. 나 같은 사람은 예수의 교훈 이상의 가치관과 인생관을 찾을 길이 없어 신앙을 버리지 못한다고 말했다.

그리고 부인의 부친이 속해 있는 교단에서는, '신앙이 다른 가족들과 어떻게 한평생을 살 수 있겠는가' 해서 가족에게 신앙을 강요하기도 하고 심하면 가정보다 교단의 신앙이 더 중하다고 권유하는데, 그런 종교와 신앙은 사회적으로 용납될 수 없으니까 아깝지 않게 떠나라고 권했다. 누가 어떤 신앙을 갖는다고 해서 가정을 파국으로 이끄는 종교적 신앙은 있을 수가 없다. 반인륜적反人倫的인 신앙은 버림을 받아야 한다.

신앙의 문제만이 아니다. 인간과 가정의 중요성까지 수단과 방편으로 삼는 모든 사상과 교훈은 받아들여서는 안 된다. 우리가 한때 공산주의 사상을 부정적으로 비판하는 이유가 거기에 있었다.

인생관과 가치관의 극심한 차이는 부부간의 사랑을 방해하고 가정의 불행을 초래할 수가 있다.

또, 흔히 연예인들은 이혼율이 높다는 얘기를 한다. 통계로 보아도 교육계 사람들보다는 연예계 남녀들의 이혼율이 높은 것은 다른 사회에 있어서도 마찬가지다.

거기에는 이유가 있을 것 같다. 예술 분야에 종사하는 사람들은 다른 영역의 사람들보다 훨씬 감성적이며 정서적이다. 그래서 예술인이 된다. 그런 사람들은 모든 문제를 감정적으로 받아들이며 감정적으로 해결하게 되어 있다. 자연히 지성적이거나 이성적 기능이 약화되기 쉽다. 사람은 100의 마음의 영역을 지성·감성·의지가 3등분해 갖고 있다고 생각한다. 과학자나 철학자들은 지성이 많은 부분을 차지하기 때문에 감정 문제는 크게 다루지 않는다. 사업을 하는 사람도 의지적인 면이 중하기 때문에 감정 문제는 경험에 맡겨둔다. 그러나 부부가 연예 분야에서 일할 때는 감정 대 감정이 강하기 때문에 타협과 해결의 방법이 다양하지 못하다. 자연히 감정의 갈등이 심화되면 부부간의 타협과 양해가 힘들어진다.

나에게 상당히 깊은 생각을 하도록 하는 문제를 안겨준 분이 있다. 내가 누구라고 말하면 모를 사람이 없을 정도로 알려진 작가이다. 한번은 나와 이야기를 하다가 자기는 가급적이면 예술가들끼리의 결혼은 권하고 싶지 않다는 것이었다. 그분은 대학의 교수였고 남편 되는 이도 예술가 교수였다. 그런데 두 사람 다 수준 높은 예술가였기 때문에 감정적 트러블이 가시지 않는다는 고백이었다.

나보고 하는 얘기였다. "교수님은 철학 교수시니까 폭넓게 사모님의 주장과 요청을 받아들일 것 같은데, 우리는 그러지 못한다."는 것이다. "천주교인이 아니고 성당에서 혼배를 올리지 않았다면 이혼을 했을지도 모르겠다."는 고백이었다.

누구나 겪는 일이지만 예술인들과 연예인들은 그런 장점과 약점을 동시에 갖고 있다. 그런 분야에서 일하는 사람들은 미리부터 그런 어려움을 예상할 수 있어야 할 것이다.

먼저 위해주는 것이 사랑

끝으로 우리가 함께 걱정해보고 싶은 문제가 있다. 흔히 말하는 황혼기의 이혼에 관해서이다. 참고 참다가 아무래도 안 되겠다는 선택이 황혼기 이혼이다.

내가 가까이 지내던 친구 한 사람도 그랬다. 아들 둘과 딸이 있었는데 부인이 아들 집으로 가면 자기는 딸 집으로 오고, 약속이라도 한 듯이 자녀들의 집을 서로 교대해서 오고 가는 살림을 했다. 아들딸이 모두 미국에 살고 있었다. 그런데 내 친구는 말년에

혼자 한국으로 와 지내다가 세상을 떠났다. 그러니까 정신적으로
는 이미 이혼 상태와 다름이 없었다.

대개의 경우 그런 상태가 되는 원인은 오래전부터 있었다. 서로
해결해보려고 노력하다가 안 되니까 포기한 채로 지내다가 늙어
지니까 더 문제 삼지 않고 지내는 것이다.

이런 경우들을 살펴보면 황혼기의 이혼은 가정적 불행이기도
하나 개인의 인생도 실패했다고 보아 잘못이 아닐 것이다. 차라
리 결혼보다도 자신을 위한 취미생활이나 개성을 살려갔다면 보
람 있는 인생을 펼쳐갈 수도 있었을 것이다. 가정이라는 무거운
짐을 지고 살았기 때문에 자기 소질과 재능을 발휘하지도 못했고
가정적으로도 행복하지 못했던 것이다.

어디에 잘못이 있었는가.

대개의 경우 그런 사람들은 정신적으로 이기적인 사람들이다.
상대방으로부터 받기만 하지 나누어줌이 무엇인지 모르는 성격
이다. 내 후배 한 사람은 여섯 딸이 자라는 집의 독자로 태어났다.
부모의 사랑을 독점한 셈이다. 그래서 위해줌을 받기만 했지 자
기가 도움을 주는 생활이 빈곤했다. 결혼 후의 아내도 그렇게 해
줄 것으로만 믿고 있었다. 그것이 원인이 되어 어려움을 겪다가
크게 뉘우치고 자기가 먼저 위해주는 것이 사랑임을 배웠다. 한
국에 있을 때는 모르고 있다가 미국에 머물면서 새로운 문화를
접해보았던 것이다. 그것이 계기가 되어 내외가 모두 사랑의 탑

을 쌓아가는 길을 열었던 것이다.

또 황혼의 부부가 이혼하는 가정을 보면 성장할 때부터 이웃과 사회에 대한 기여나 봉사가 어떤 것인지 경험해보지 못한 가정에서 자란 사람들이다. 내 부친은 정상적인 교육을 받지는 못한 옛날 사람이다. 그러나 어린 나에게 "사람이 자신과 가정 걱정만 하면서 살게 되면 그 사람은 가정의 가장이나 어른만큼밖에 자라지 못한다. 그러나 항상 내 직장을 위하고 이웃을 걱정해주는 사람은 직장과 지역사회의 지도자로 성장할 수가 있다. 같은 사람이라도 언제나 국가와 민족을 걱정하면서 노력하는 사람은 자신도 모르는 동안에 국가와 민족의 지도자로 자랄 수 있다."는 얘기를 들려주곤 했다.

그런 열린 마음과 섬기려는 뜻이 있는 사람은 가정의 더 큰 의무와 책임을 깨닫기 때문에 가정적 불행과 고통을 극복할 수도 있는 법이다. 그리고 자녀들을 진심으로 위해주는 부부는 그 자녀들에 대한 의무와 책임 때문에도 남편과 아내의 도리를 저버릴 수는 없는 것이 인생이다.

열심히 싸우는 부부는
이혼하지 않는다

    S중고등학교의 교장과 이사장을 지낸 김 장로는 나와 가장 오랜 세월을 함께 보낸 친구이다. 열네 살 때이던 중학교 1학년 때부터 그가 92세에 세상을 떠날 때까지 만나곤 했으니까 78년간의 친구인 셈이다.

김 장로가 살았을 때 한 이야기다.

아침이 되면 새벽기도회에 나가는 것이 일과였는데 그날은 쏟아지는 소나기가 너무 심했기 때문에 교회 가기를 포기하고 계속 잠을 자고 있었다. 한 살 아래인 부인이 혼자서 일어나 기도를 드리는 것을 누워서 듣게 되었다.

"…… 하나님의 뜻이 허락되시면 우리 장로를 먼저 하늘나라로 인도하신 후에 저를 불러주시면 감사하겠습니다."

조반을 같이 먹다가 김 장로가 "그래 나 먼저 보내고 혼자 남으면 무엇을 하겠다는 것이오? 애들하고 즐겁게 살 자신이 있나……, 새 남자하고 연애를 할 나이도 아니고……."라고 물었더니, "기도하는 것을 들었소?"라면서 "지금까지 살아오면서 여러 가정을 살펴보았는데 80이 넘어서 혼자 남는 할아버지가 제일 가엾어 보입니다. 자식들한테도 대접을 받지 못하지, 다정한 친구가 있는 것도 아니고, 혼자서 살림을 꾸려가지도 못하고, 재산이 많은 것도 아니고……. 그래서 다른 것으로 도와주지는 못해도 영감을 먼저 보내고 혼자 남았다가 뒤따라가는 것이 제일 좋겠다고 생각한 겁니다. 나야 애들 집에 붙어살면 되지만 늙은 남자는 오라는 곳도 없고. 내가 당신을 먼저 보내고 뒤따라갈 테니까 마음 편히 지내세요. 이제는 갈 준비를 할 나이가 되었고."라는 아내의 설명이었다. 그 심정을 알고 있는 김 장로는 "고마워."라고 말했다는 것이다.

김 장로가 세상을 떠나 내가 문상을 갔더니, 여기저기서 웃음소리가 들려왔다. 90이 넘었으니까 호상이어서 그런 것 같았다. 슬퍼하는 사람도 없고, 상가에 왔으면서도 만나는 친구들끼리의 대화가 더 즐거웠던 모양이다.

내가 안으로 들어섰더니 한 후배가 인사를 하면서 "교수님은 섭섭하시겠어요. 오래 같이 지낸 친구분이어서……."라는 것이었다. 자기네들은 슬프지 않다는 표정 같기도 했다.

나까지 그들 속에 끼어 웃을 수는 없었다. 사모님이 어디 계시느냐고 물었다. 피곤해서 저쪽 작은방에서 쉬신다고 알려주었다.

문상객이 별로 없는 밤 시간이었다.

부인을 찾아가서 인사를 나누었다. 결혼할 때부터 잘 아는 사이였고 내 아내와도 가까이 지내고 있었다. "섭섭하시지요?"라고 물었다. "섭섭이야 하지요. 그래도 먼저 보내고 나니까 내가 할 일을 다 한 것 같아 고마운 마음도 있어요. 혼자 두고 내가 먼저 떠나면 어떻게 하나, 하는 걱정을 했어요. 김 교수님 사모님은 먼저 떠나시면서 교수님께 참 미안했을 거예요. 끝까지 도와드리지 못해서……."라는 것이었다.

나는 속으로 '그래, 보내는 내 마음도 무거웠지만 나를 혼자 남겨두고 가는 아내의 마음은 더 힘들었을 것'이라는 생각을 했다. 아내가 말은 못했어도 그런 표정은 항상 갖고 있었다. 한번은 "당신이 옛날로 돌아가기는 힘들어도 지금 같은 건강은 오래 유지된다고 의사가 그랬다."고 했더니 아내는 내 가슴에 기대면서 슬프게 울었다. 도와드리지 못해 미안하다는 말을 하고 싶었던 것이다. 그래서 옛날 사람들은 백년해로를 복 중의 복이라고 했던 것 같다.

"그저 내래 잘못했지요"

내 친구 김태길 선생은 89세에 세상을 떠났다. 부인은 다리의 불편은 있었어도 건강했다. 안병욱 선생은 우리 나이로 93세에 작고했다. 부인은 대단히 건강해서 잘 보살펴주었다. 한우근 선생은 86세로 세상을 떠났다. 부인은 따님처럼 보일 정도로 건강한 모습으로 뒷바라지를 해주었다. 정진경 목사도 갑자기 작고했기 때문에 무척 건강했다. 정 목사의 사모도 건강했다. 정 목사는 나보다 한 살 아래였다. 90세에 세상을 떠났다.

나는 그런 축복을 받지는 못했다. 아내가 20여 년 병중에 있다가 먼저 갔다. 13년 전이다. 그래서 다른 친구들에 비해 박복하다는 이야기를 듣기도 했다. 그래서일까. 90세가 넘을 때까지 부부가 건강하게 해로하는 것을 보면 축하해주고 싶은 마음을 갖는다.

그렇다고 해서 그분들이 긴 세월 동안에 다정하게만 지낸 것은 아니다. 힘든 일도 겪었고 때로는 부부싸움도 하면서 살았다. 부부싸움도 사랑했기에 갖는 한 과정일지 모른다. 신부나 스님은 부부싸움은 못했을 것이다. 그러나 목사들도 크고 작은 부부싸움은 다 하면서 살았을 것이다.

영락교회의 한경직 목사는 부부싸움을 하지 않는 것으로 알려져 있다. 젊었을 때는 모르겠으나 60이 넘어서는 안 한 것으로 전해지고 있다. 그 비결은 간단했다. 한 장로의 얘기다.

밖에 나갔다가 집에 들어서면서 목사님은 항상 사모님의 눈치와 안색을 먼저 살펴본다. 좀 이상하다 싶으면, "그저 내래 잘못했지요……."라면서 인사를 대신한다. 사모님이 "내가 뭐라고 했소?"라고 말하면 "그러니까 내래 잘못했다는 거지요……."라면서 또 사과한다. 그러면 사모님은 말없이 지나간다는 얘기였다.

부부싸움의 양상도 다양하다.

아주 대단한 가정에서 일하는 한 파출부 아주머니의 얘기다. 소망교회의 곽 목사에게 전해 들었다고 한다.

부부가 모두 박사이다. 남편은 사회적 지위가 높은 사람이고 부인은 대학의 교수이다. 둘이 싸움을 하게 되면 무조건 대화를 중단한다. 꼭 해야 할 얘기가 있으면, 필요한 사람이 거실 꽃병 밑에 쪽지를 놓고 나간다. 그것을 본 남편이나 아내는 대답을 써서 그 자리에 놓아둔다. 어떤 때는 일주일이 넘도록 말을 안 하는 때도 있다. 언성을 높여 싸우지를 않으니까, 남들이 보면 다정한 부부로 착각하고 부러워한다.

그러다가도 어떤 가정의 초대를 받으면 같은 차를 타고 초대한 가정 문 앞에까지 간다. 물론 아무 말도 없이……. 그러나 차에서 내리면서부터는 팔짱을 끼고 다정하게 웃으면서 집주인과 인사를 나누고, 다정하게 접대에 응한다. 다른 사람들이 보는 앞에서는 그렇게 다정한 부부일 수가 없다. 파티가 끝나고 차 안에 들어와서부터는 또 남인 듯이 말이 없다. 그렇게 싸우기를 오래 계속한다는 것이다.

파출부가 하는 얘기다. "두 분이 다 우리와는 다른 박사들이니까 싸우는 방법도 우리는 못 따르겠더라."는 말이었다.

"차가 몇 대가 가냐?"

대부분의 부부는 나이 들수록 부부싸움을 많이 한다. 어떤 부부는 아침부터 저녁까지 싸우는 것이 일과가 된다. 그런 싸움도 사랑의 표현 방법인 것 같다. 70 중반쯤 되면 자녀들 앞에서도 승부를 가리곤 한다.

한 가정에서 있었던 이야기다.

자녀들이 상의를 했다. 어머니가 팔순이 되는데 부모님을 모시고 잔치를 겸해 온 가족이 온천에 가기로 했다. 2박 3일의 여정이었다. 자녀들이 모여서 큰절도 드리고 다 함께 내일 아침에 ○○온천으로 갈 테니까 부모님도 준비를 하시라고 부탁했다. 어머니가 큰딸에게 "너희 아버지가 가고 싶으면서도 나와는 같이 안 간다고 할시 모르니까, 잘 꼬여서 화내지 않게 하라."고 부탁했다.

큰딸이 아버지에게 "내일 아침 7시에 떠나니까 준비하시라."고 말했다. 아버지는 "나는 너희 엄마하고는 같이 안 간다."고 선언했다. "아버지, 언제 또 기회가 있겠어요? 엄마 생신인데 모르는 체하고 따라오세요."라고 했더니, "나는 절대로 안 간다고 너희엄마에게 얘기해두었다. 너희끼리 다녀오너라."고 재확인하는 것이었다.

큰딸이 어머니에게 "엄마가 잘 타일러보세요. 엄마가 잘못했다고 용서를 구해보세요."라고 했더니, "내가 왜 용서를 구해? 안 가면 자기가 손해지."라면서도 큰아들보고 다시 얘기해보라고 했다. 큰아들 얘기로는, 아버지는 몸도 불편해 안 가신다는 것이었다.

할 수 없이 딸들이 이틀 동안 먹을 밑반찬을 냉장고에 넣어놓고 "아버지, 밑반찬을 준비해두었으니 좀 불편하시더라도 참으세요. 이다음에 아버지 생신 때는 엄마도 모시고 갈게요."라고 했더니 "내 생일 때도 엄마랑은 절대로 같이 가지 않는다."고 단언하는 것이다.

어머니에게 얘기했더니, 모친도 "잘됐다. 나도 내 생일이니까 참지, 너희 아버지 생일에는 어디에도 안 간다."고 응수하는 것이었다.

다음 날 아침이 되었다.

떠날 준비를 다 갖추고 큰딸이 "아버지, 그럼 저희들은 떠났다가 이틀 후에 올게요."라면서 방문을 열었더니 아버지가 양복으로 갈아입고 넥타이까지 매고 앉아 있었다. "아버지도 가실래요?" 했더니 "차가 몇 대가 가냐?"라고 물었다. 두 대라고 대답했더니 "너희 엄마와 딴 차로 가면 내가 가주겠다."며 나섰다.

가족들이 모두 웃었다. 먼저 앞차에 앉아 있던 어머니가 "괜히 허세 부려보는 게지. 그럴 줄 알았으면 내가 먼저 오지 말라고 큰소리칠 걸 그랬다." 하면서도 안심이 되는 눈치였다.

알고 보니, 아버지가 막내딸에게 "작은오빠도 차를 가지고 왔느냐?"고 슬그머니 묻더라는 것이다. 따라갈 체면을 세우기 위해 준비하고 있었던 것이다. 아들딸들은 "우리 아버지와 어머니는 싸우는 재미로 사는데, 한 분이 먼저 가시면 무슨 낙으로 사실지 모르겠다."는 걱정이었다. 싸움이 끝나면 인생도 끝나는 것인지 모르겠다는 얘기다.

이렇게 열심히 싸우는 부부는 이혼은 하지 않는다. 싸움도 하나의 사랑의 방법인 것이다. 이혼은 사랑도 끝나고, 사랑의 싸움도 끝났을 때의 선택이다.

더 높은 차원의 사랑

부부의 사랑이 어떤 더 높은 것을 위하게 될 때는 질적으로 결정적인 변화를 가져오기도 한다. 한두 가지 얘기를 소개하겠다.

한 여성이 미스코리아로 당선되었다. 그 당선을 전후해서 서울대 의대의 내과의사를 만나곤 했다. 여자의 부모는 A의사의 인품과 장래를 보아 딸에게 결혼할 것을 권했다. 여자도 순수한 마음으로 받아들여 결혼을 했다. 그 A내과의사는 고등학교 때 내 제자였다. 성실하고 의사다운 의사가 되겠다는 희망을 안고 있었다. 흠이 있다면 아주 가난한 가정에서 자랐기 때문에 집안으로는 자랑거리가 없었다. 그 여자는 결혼 후부터 초라한 시부모의 모습이 불만이었다. 국립대학의 교수 봉급은 얼마 되지 못하던 때였다. 여자는, 자신의 친구들은 더 좋은 조건에 결혼하는데 자신만이 초라한 신세가 되었다고 후회하기 시작했다. 그 불만이 쌓여 남편에 대한 존경심도 줄어들기 시작했다.

내 제자인 A교수도 고민에 빠졌다. 차라리 미스코리아가 아닌 평범하고 성실한 여자와 결혼했더라면 좋았을 걸 그랬다는 후회심도 떨쳐버릴 수가 없었다. A교수는 또 교수로서의 꿈이 있었다. 유능한 제자여서 나도 후일에 사회에 도움을 주는 의사가 되라고 권고하기도 했다.

둘 사이는 점점 멀어졌다. 부부 동반으로 모임과 파티에 참석하는 기회가 많아지면서 여자로서의 불만도 커지기 시작했다. 미스코리아까지 된 자신의 신세는 신기루와 같이 사라진 것으로 느껴졌다.

아내 때문에 인생을 포기할 수도 없고 아내의 불만스러운 마음을 채워줄 수도 없다고 생각한 A의사는 한 가지 결심을 했다. 장기간 아프리카에 의료봉사를 떠나기로 했다. 가 있는 동안에 아내의 선택을 받아들이기로 했다. 이혼까지를 전제로 삼은 것이었다.

아프리카에서 첫 임기가 끝나갈 무렵에 아내는 아프리카로 남편을 만나러 갔다. 남편은 사랑하는 마음을 갖고 반기면서도 아내의 선택을 더 중하게 생각하고 있었다.

아내가 임기가 끝나면 서울로 가냐고 물었다. A교수는 연구 프로젝트가 끝나지 못했기 때문에 좀 더 있고 싶다고 말했다. 아내는 말없이 한 달 더 아프리카에 머물렀다. 그 한 달 동안에 자신과 남편의 장래를 다시 구상해보았다. 남편이 이전보다 더욱 존경스러워지고 있음을 발견했다. 서울의 주변 많은 남자들과는 비교할 수 없을 정도로 고상한 꿈이 있음을 보고 느꼈다. 자신은 어떤가. 미스코리아로 당선되었다는 미모 외에는 갖춘 것이 없었다. 60세쯤 되었을 때 자신의 모습을 그려보았다. 초라한 아주머니들 가운데 한 사람으로 남을 것 같았다. 다른 남자와 결혼을 했다면 돈을 갖고 호화스럽게 살았을 것이다. 그 뒤에는……? 출세한 남편과 결혼했더라도 남편이 그 지위에서 떠났을 때에는 속 빈 사모님으로 남을 것이다.

이런 생각을 하다가, 내 남편은 나보다 몇 배나 인간다운 보배스러움을 갖고 있다고 생각했다. 돈이나 유명함으로 따질 수 없는 존경심이 움트기 시작했다.

아프리카에 조금 더 머물면서 발견한 남편의 인간다움과, 자기에 대한 욕심과 이용심이 없는 사랑에 고마운 생각이 들었다. 그녀는 남편을 만나보고 서울로 돌아올 생각이었으나 함께 더 머물면서 자기의 꿈은 꿈이 아니고 허상이었음을 깨달았다.

두 사람은 더 높은 뜻을 찾아 새로운 가정을 꾸려나가기로 했다. 어느 사이엔가 아내의 얼굴에서는 화장기가 사라졌고, 화려한 옷이 사치스럽게 보여 입지 않고 남편의 일을 도왔다. 한국서 남편과 같이 와 봉사하는 간호사들이 자기보다 몇 배나 고상하고 아름다운 삶을 살고 있는 것이 부러워졌다.

두 번째 임기가 끝나면서 A교수는 미국 프로비던스에 있는 대학병원의 초청을 받아 그곳에서 존경받는 의사가 되었다.

나는 20대 후반에 헤어진 후에는 만나지 못했던 A교수를 미국에서 만났다. A교수와 고등학교 동창이었던 정 박사 ^{그도 의사였다}가 일부러 나를 데리고 A교수가 있는 곳까지 갔던 것이다. A교수는 고등학교 시절과 변함없이 차분하고 온화한 표정이었다. A교수의 부인이 참 아름다운 여인이라고 생각했다. 두 사람 사이에는 고등학교를 졸업하고 하버드대학에 특차로 입학한 아들이 있었다. 대학에 관여하는 어른들에게 정구를 가르치다가 들어오는 길이라면서 나에게 인사를 했다. 늠름한 젊은이가 되어 있었다.

하루를 보내고 보스턴으로 돌아오는 길에 정 박사에게 A교수 부인이 참 미인이라고 말했더니, 그동안에 있었던 사연들을 얘기해주었다. 친구들이 두 사람의 사랑의 줄이 끊어지는 것이 아닌가 걱정했는데 아프리카에 가서 사랑이 있는 고생을 함께하면서 재출발하게 되었다는 얘기였다. A교수 부인은 소박한 가정주부로 보였으나 참 아름다운 여인이라는 생각을 했다. 그런데 그 과거 얘기를 듣고 나니까 A교수 부인이 더욱 아름답게 보였다. 젊었을 때보다도······.

모든 남녀는 인생의 끝이 찾아오기 전에 후회 없는 삶을 찾아야 한다. 그것은 사랑이 있는 고생이다. 사랑이 없는 고생은 고통의 짐이지만, 사랑이 있는 고생은 행복을 안겨주는 것이 인생이다.

무엇이 여성을
아름답게 하는가

 아들딸을 낳아 키워본 부모들은 당연하면
서도 이상할 정도로 남아와 여아의 차이를 발견한다.

철들기 시작하면서부터 사내아이들은 힘을 과시한다. 그 대신
딸애들은 아름다움에 깊은 관심을 갖는다. "엄마, 나 예뻐?"라든
지 "엄마, 내가 더 예뻐, 언니가 더 예뻐?"라고 묻는다. 그리고 그
아름다움에 대한 관심은 평생 뒤따른다.

옛날 일이다.

서울 남산 입구에 여성회관이 건립되었을 때였다. 정기적으로
개최되는 강연회에 강사로 초청을 받아 간 일이 있었다. 대기실
에서 차례를 기다리고 있었다. 강연회를 주관하는 분은 중앙여자
중·고등학교의 교장직을 끝내고 이사장으로 있는 황신덕 여사
였다. 70세를 넘긴 연세였을 것이다. 이야기를 나누고 있는데 황
선생의 선배인 할머니가 들어왔다. 그러니까 80대였을 것이다.

황 선생이 자리에 안내한 뒤 "언니, 지난번 만났을 때보다 더 예뻐졌다."고 인사를 했다. 그 선배는 "그래, 나는 모르고 있는 데……."라면서 반기는 것이었다.

옆에서 지켜보던 나는 속으로 웃음을 참았다. 여자들은 어렸을 때나 할머니가 되었을 때나 아름다움이 최고의 관심사인 것 같았다.

내 모친도 90대 중반에도 오래간만에 고향 사람이 찾아와 "얼굴색이 더 좋아지셨다."고 말하면 좋아하셨다. 그 손님이 제대로 보기는 한 것 같다, 면서 은근히 만족해하셨다. 증손주들이 우리 할머니도 젊었을 때는 미인이었을 것 같다고 말하면 "젊었을 때야 누구나 예쁜 법이란다."면서 당신의 젊었을 때를 잊지 못하는 표정이었다.

결혼하기 전에 고려해야 할 것들

내가 대학에서 학생상담소 일을 맡았을 때였다.

어떤 주말에 대학원 제자가 찾아왔다. 자리를 잡고 차를 마시다가 내가 "결혼을 한다고 들었는데."라고 물었더니 "다음 토요일입니다."라고 대답했다. 그러면서 함께 인사를 드리려고 왔는데 여자친구도 곧 올 것이라고 했다. 방에 아무도 없었기 때문에 "참, 내가 한 가지 물어봐도 좋은가? 내 기억에는 사귀던 여자친구가 따로 있었던 것 같은데, 도중에 어떻게 상대가 바뀌었나?"라고 물었다.

내 제자는 "그렇게 생각하셨을 것 같기도 합니다. 처음에는 얼굴이 예쁜 아가씨에게 관심이 깊었는데 막상 결혼을 앞두게 되니까 평생을 함께할 여자인데 미모보다는 성격이나 인생관도 살피게 되고 나와 삶의 목표가 비슷한가 하는 생각도 하게 되던데요……?"라면서 선택의 표준이 달라졌다는 얘기를 하면서 "저만 그런 것이 아니고 제 친구들도 철이 드니까 여성들을 대하는 마음이 변하는 것 같아요."라고 말했다.

나도 거기에 동의해주었다. 나이가 들면 외모보다는 마음과 삶의 방향을 보는 것으로 결혼을 위한 조건이 바뀌게 된다.

그런 얘기를 하다가 내 제자가 "결혼을 한 후에도 어떤 변화가 또 올 것 같습니다. 그다음은 내 여자의 어떤 면을 보게 되지요?"라고 물었다. 나는 "글쎄, 결혼은 연애의 종말이 아니고 더 높은 사랑의 출발이니까, 무엇을 본다기보다는 내 아내의 어떤 면을 키워주고 어떻게 위하는 마음을 가질까 하는 문제가 더 중요할 텐데, 그런 문제라면 내가 한 가지 충고해줄게. 아내로 하여금 계속해서 아름다운 감정을 유지하고 키워가도록 하는 것이 무엇보다 중요하지. 여성들은 감정이 아름다우면 생활 자체가 아름다워지고 가족과 주변의 대하는 사람들에게도 아름다운 행복을 더해줄 수 있을걸. 그리고 무엇보다 감정이 아름다운 여성은 나이와 상관없이 늙어서도 여성미를 유지하는 법이지……"라는 얘기를 하고 있는데, 여자친구가 들어왔다. 내 제자는 "알겠습니다."라고 말하면서 여자친구를 맞아 함께 나에게 인사를 했다.

나는 때때로 직장의 여성들에게 강연을 할 때도 비슷한 얘기를 했다.

"만일 여러분 가운데 한 사람이 전무님의 비서가 되었다고 생각해보세요. 한번은 전무님이 '오늘이 주말이기는 하지만 갑자기 중요한 일이 생겨서 부장이나 과장들이 회사에 나와야겠다.'고 연락 전화를 하라는 지시를 했다고 합시다. 비서가 부장님 댁에 전화를 걸었는데 전화를 받는 목소리가 너무 젊어서 '부장님 따님 되십니까?'라고 물었더니 '제가 아내 되는 사람입니다.'라고 대답해 부장님에 비하면 참 젊어 보인다고 생각했습니다. 다음은 어떤 과장님 댁에 전화를 걸었는데 상대방 목소리가 탁하고 늙어 보여서 '과장님 어머님이십니까?'라고 물었더니 '제가 아내입니다.'라고 대답했다면 여러분은 좀 놀라울 것입니다. 그 원인은 어디 있다고 생각하십니까. 여성들은 감정이 아름다우면 목소리도 표정도 젊어집니다. 반대로 감정이 아름답지 못하면 늙어지고 삶 자체가 윤택을 잃게 됩니다. 주변 사람들의 경우를 찾아보면 쉽게 발견할 것입니다. 의사들도 같은 얘기를 합니다. 여성들은 정서적 영향을 많이 받기 때문에 우울하고 답답한 시간이 오래되면 곧 그 표정이 어두워지고 안색과 감정까지 흐려집니다. 그러나 항상 아름다운 감정을 갖고 지내게 되면 외모와 표정도 아름답고 젊어진다고 말합니다."

내 얘기를 들은 회사의 간부들은 자기 와이프들에게도 그런 얘기를 들려주었으면 좋겠다고 말하기도 했다.

소 교수의 안색이 밝아 보였던 이유

한 가지 예만 더 소개하기로 하자.

나와 내 친구 교수들이 50대 중반쯤일 때였다. 여럿이 모여 저녁을 같이 하게 되었다. 저녁을 먹고 보니까 식대가 그리 많지 않은 것 같았다. 그래서 한 친구가 얼마 안 되는 밥값을 각자가 부담하는 것보다는 누구 한 사람에게 뒤집어씌우자는 얘기를 했다. 누가 좋겠냐고 상의하다가 새 양복을 해 입은 사람을 고르기로 했다. 그런데 새 양복과 오래된 양복을 고르기가 어려워 보였다. 그래서 대신 꺼낸 조건이 얼굴색이 가장 좋은 사람을 고르자고 누군가가 제안했다. 얼굴은 표정을 보면 쉽게 알 수 있으니까.

그런데 내 왼쪽에 자리하고 있던 소 교수의 안색이 눈에 띨 정도로 윤기가 있고 좋아 보였다. 의과대학의 교수였으니까 지갑이 두둑해 보이기도 했다.

나도 동감이었다. 그래서 더 찾아볼 필요가 없으니까 소 교수가 저녁값을 내야겠다고 말했다. 내 얘기를 들은 소 교수가 "이상하다. 내 얼굴색이 그렇게 좋아졌나." 하더니 "아~! 이유가 있었구나."라는 것이었다.

내가 "무슨 특별한 이유라도 있어?"라고 물었다. 소 교수의 대답은 뜻밖이었다.

"한 달 동안 국제회의가 있어 마닐라에 다녀왔는데, 한 달 동안이나 마누라 바가지 긁는 소리를 듣지 않았으니까 얼굴색이 좋아졌는가 보다."라고 말해 모두 웃었다.

생각해보면 이유의 객관성이 있다. 그 나이가 되면 집사람들은 대부분 50대에 접어든다. 그때는 여성들이 갱년기가 되어 그전에 없던 바가지를 긁기 시작한다. 남편들에게 있어서는 고역이기도 하다.

그래서 말은 하지 않아도 속으로는 어느 교수의 부인이 바가지를 긁고 안 긁는가를 가려보기도 한다. 의사들도 아내가 그 나이가 되면 일일이 따지지 말고 "그저 당신 말이 맞아요."라고 넘기는 것이 상책이라고 말한다. 어떤 부인은 생각보다 병적으로 예민해지기도 한다고 말한다. 내 대학 동기 한 사람은 밖에 나와서 큰소리치는 친구들은 집에만 들어가면 마누라에게 꼼짝 못한다고 말하면서 미국의 레이건 대통령 예를 들기도 했다. 레이건은 미국에서도 존경받는 의지가 강하고 용기 있는 지도자였다. 그러나 집에 들어가면 부인 앞에서는 양순한 강아지같이 꼼짝 못했다는 얘기를 했다.

그래서 부드럽고 아름다운 감정을 갖춘 여성이 생활도 아름답고 행복을 더해준다고 보는 것이다.

아름다운 감정은 어디서 오는가

그렇다면 아름다운 감정은 어디서 오는가.

어느 정도는 타고난 성품일 수도 있다. 그래서 사람들은 어머니를 보고 딸의 성품을 따져보기도 한다. 유전적으로 주어진 성격일지도 모른다. 그러나 스스로 아름다운 감정을 유지하고 키워야겠다는 마음을 가진 사람과 그런 생각을 포기한 사람의 거리는 상당히 큰 것이다. 몇십 년이 흐르면 현격한 차이를 가져올 수도 있다.

많은 사람들은 정서적 아름다움을 두 가지로 구분해본다. 밝고 아름다운 감정과 부드럽고 아름다운 감정으로 나누어본다. 밝은 감정은 젊었을 때부터 타고난 것일지 모른다. 그 가정의 딸들 모두가 비슷한 것을 보아 짐작할 수 있다.

반면에, 가정생활을 하면서 부드러운 감정을 갖고 가족들이나 이웃을 대하는 사람은 관심과 노력의 결과일 수도 있다. 어떤 가정에 가보면 부부가 남매같이 보이는 때도 있고 온 가족들의 표정이 비슷해지기도 한다.

옛날의 왕실이나 귀족사회에서는 교양의 유무를 많이 따졌다. 지금도 어떤 가정을 방문할 때는 그 가정의 교양 수준을 느끼곤 한다. 나처럼 시골에서 제멋대로 자란 사람은 여유가 있게 잘사는 집의 양반스러움을 느끼곤 했다.

　나는 우리나라 왕실은 접해본 일이 없다. 오래전에 일본에 갔다가 지금 왕의 숙부가 되는 미카사노미야 왕족을 만난 일이 있었다. 일제강점기 때 같으면 상상하기 어렵지만 해방 뒤였고 그가 교수직을 갖고 있었기 때문에 면회할 기회를 가졌다. 2시간 가까이 몇 가지 문제들을 얘기했다. 그 긴 시간 동안 그분이 흐트러지지 않게 자리를 차지하는 모습과 존경스러운 경어를 쓰는 것을 보고 역시 한 나라의 왕실 전통이라는 생각을 해본 일이 있다. 마찬가지로 교양이 없는 여성은 아름다운 감정과 자세를 갖출 수가 없을 것 같다.

　그런데 여성들이면 누구나 아름다운 감정을 갖게 하는 길이 있다. 쉽게 말하면, 사랑이 있는 마음은 아름다운 감정을 만들어준다. 여성들에게서 사랑의 고귀성을 배제한다면 무엇이 남겠는가. 그 사랑의 척도가 여성들의 인생의 기준이 될 수도 있다. 그래서 여성들은 사랑의 폭을 넓혀야 하며 사랑의 아름다운 체험을 해봐야 한다. 옛날부터 주어지는 여성다운 아름다움, 즉 모성애가 바로 그런 것이다.

　나는 지금도 어머니가 닭들에게 모이를 주면서 "어서 많이 먹고 빨리 자라라."고 하던 말을 기억하고 있다. 내가 무슨 뜻인지 몰라 "병아리들이 빨리 자라면 뭐하게?"라고 물으니 "그래야 너희들이 맛있게 배부르게 먹지."라는 것이었다. 지금 생각해보면 어머니의 사랑에는 한계가 없다. 그 사랑만큼 아름다운 감정도 한없이 풍부했던 것이다.

시인의 말을 빌리지 않아도, 여성적이고 모성적인 것이 우리를 구원한다는 표현은 고귀한 뜻을 품고 있다.

뜻대로 안 되는
자녀 교육

교수생활을 하다 보면 민망스러운 일에 부딪히는 때가 있다. 아들이나 딸이 대학 입학시험에서 낙방하는 때이다. 그 사실을 알게 되는 다른 교수들이 아버지의 역량을 의심할 것 같아서이다.

그렇다고 해서, 자녀들의 학업과 성적을 마음대로 이끌어줄 수도 없다. 뜻대로 안 되는 것이 자녀 교육이다. 내가 잘 아는 목사는 자녀의 문제로 크게 애태웠다. 목사의 자녀가 그럴 수가 있는가 하는 교우들이 있을까 두렵기 때문이다.

나는 두 아들과 네 딸을 키웠다. 말 않는 교육 방침이 있었다. 평범하게 자라서 주어지는 일에 최선을 다해라. 가능하다면 주어진 분야의 지도자가 되어라. 그 이상은 원하지도 않았고 강요한 일은 한 번도 없었다. 입학시험 때도 부담감이나 억압적인 요청은 하지 않았다. 그저 최선을 다하라고만 했다.

루소의 교육 사상

나는 대학에 있을 때 장 자크 루소의 교육 사상을 좋아했다. 그는 자녀 교육에 대해 방임은 아니지만 자연스러운 성장을 중요시했다. 벼농사를 하는 사람이나 과수원을 운영하는 사람들은 주어진 몇 가지 책임만 담당하면 된다. 적당한 양의 비료를 주고 잡초를 제거하고 병충해를 예방해준다. 그 이상의 더 큰 책임은 자연이 감당해준다. 빛과 온도는 태양이 주고, 적당한 양의 눈과 비가 내려, 때가 되면 자라고 열매 맺는 일을 저절로 한다. 자연의 힘이다.

어린애를 수재나 영재로 만들려고 간섭하고 고생시키는 것은 볏모를 잡아 빼서 빨리 자라게 하는 것같이 위험하다. 강아지를 키워도 그렇다. 먹을 것을 적당히 조절해주고 함께 있어주면 된다. 그 이상의 간섭과 강요는 금물이다. 지금 우리나라의 교육은 어머니들의 욕심과 교육 당국의 간섭 때문에 후퇴하고 있다.

부모는 욕심보다 지혜가 필요하다. 지혜보다 귀한 것은 자녀들의 일생을 위한 사랑이다. 교육부는 행정적인 규범과 울타리 안에 생명력 있게 자라야 할 학생들을 가두어 키우려고 한다. 교육은 선생과 학부모의 품에서 이루어진다. 관이나 정부가 교육 자체를 담당하는 것이 아니다. 행정적 획일성은 교육을 망치며 국민을 불행하게 만든다. 그래서 군인은 교육을 해서는 안 되며, 절대주의 정치 이념을 가진 정치가가 교육을 통제해서는 안 된다.

생각 있는 사람들이 지금과 같은 대학입시제도와 수능시험의 틀을 바꾸어야 한다고 주장하는 이유가 거기에 있다.

모든 학교 교육은 입학을 위한 준비 과정으로 전락했다. 교육은 지식 전달로 끝나는 성적 올리기의 방편이 되어서는 안 된다. 좋은 학생을 키운다는 것은 낮은 위치에 있는 학생을 높은 위치로 올려주도록 돕는 것이다. 우수한 학생을 평범한 수준으로 끌어내리는 일을 해서는 안 된다.

내가 우리 애들을 키울 때는 수능시험이 없어 좋았다. 고등학교도 외국어고등학교, 과학고등학교 등이 없었다. 말하자면 인문학 중심의 정상적이고 일반적인 고등학교였다. 대학 진학을 앞두고 문과 계통과 이과 계통을 나눌 정도였다. 지금 다시 내 자녀들을 위한 고등학교를 선택한다면 외국어나 과학 같은 특수교육은 택하지 않겠다. 일반고등학교에서 지내다가 2학년 2학기나 3학년에 가서 문·이과 과목을 학생 스스로가 선택해서 공부하고 진로를 결정하면 좋은 것이다.

우리 애들은 학원에 다닌 일은 없었다. 예능 분야의 두 딸이 개인 지도를 받은 일은 있었다.

나는 우리 아이들이 모두 대학 과정을 밟길 원했는데, 사회 어떤 분야에서 일하든지 지식과 인간적 기초교육을 터득하도록 돕고 싶었던 것이다. 지금 내 손자들이 받는 교육 시스템보다는, 자유로운 선진국 고등학교와 비슷한 교육을 받길 원했다.

그렇다고 애들 모두가 우수한 성적으로 일류 대학에 간 것도 아니다. 낮은 성적으로 입학했더라도 대학에 가서는 최선을 다하는 공부벌레가 되기를 원했다. 고등학교까지는 기억력에 호소하는 기초지식을 습득하면 되나 대학에 와서는 사고력을 키워야 하고 사고력은 배워서 깨닫는 것이 아닌 스스로의 노력에서 얻어지는 것이기 때문이다.

내 자녀들도 중·고등학교 성적은 높지 않았으나 대학에 와서는 성적이 좋아지기 시작했다. 자신들이 원하는 학과목에서 사고력을 키웠기 때문이다. 가능하면 모두가 석사 과정까지는 끝내도록 이끌어주었다. 지성인다운 자질은 갖추어주기를 바랐다. 여섯이 석사 과정까지는 다 끝냈다. 둘은 국내에서 넷은 외국에서였다. 그 이상의 박사 과정은 학문 자체가 목적이기 때문에 외국에서 밟도록 했다. 한 아들은 독일에서 다른 아들과 딸은 미국에서였다. 그 셋은 다 교수가 되었다.

재산가와 명문가와는 결혼 꺼려

애들의 결혼은 자유로운 선택에 맡겨두었다. 두 가지는 고려의 대상으로 삼았다. 재산이 많은 가정과 명문가로 꼽히는 가정은 피하기를 권했다. 재산의 노예가 되거나 가문적 행세 때문에 평범하고 행복한 가정을 꾸려가기 힘들 것 같았다. 그러다 보니까 넷은 가난한 가정을 택한 셈이고 둘은 중산층 가정으로 간 셈이 되었다. 한 딸은 너무 가난한 시집을 갔다. 내 아내는 아쉬워했으나 나는 평생을 가난하게 살라는 법은 없다면서 모르는 체했다.

지금은 여섯이 모두 비슷하게 살고 있다. 내가 사는 수준들이다. 그러니까, 나는 애들을 위한 걱정은 하지 않는다. IMF 때도 다 적당한 봉급으로 살아갔으니까. 사위 셋은 모두 의사여서 미국에 살고 있다. 손주는 많이 늘었다. 증손주까지 있으니까. 미국에서 의과대학 교수가 된 외손자가 있고 셋이 곧 의사가 될 준비를 갖추고 있다. 미국에서는 의사를 개인소득과 생활에서 가장 안정된 직업으로 보는 것 같다. 외손녀 하나는 MIT를 나와 애플에 근무하고 있다. 수입은 가장 많은 편인데 아직도 부모로부터 용돈을 받아 간다는 막내딸의 얘기도 있었다. 다른 애들의 손주들은 한국에 있는 대학에 다니든가 제 직업을 갖고 있는 셈이다.

인생은 50 전엔 평가해선 안 돼

그러니까 어떻게 보면 자녀 교육에서는 크게 성공은 못했으나 실패한 셈은 아닌 것 같다. 그래서 지금도 나는 모두가 평범하게 자라 최선을 다하고 맡은 일에서는 전문가나 지도자가 되라는 교육관을 갖고 있다. 인생은 50이 되기 전에 평가해서는 안 된다. 그래서 자녀들을 키울 때도 이 애들이 50쯤 되면 어떤 인간으로 사회에 도움을 줄 수 있을까를 생각하는 것이 옳다고 생각한다. 딸들은 성공보다도 행복해지기를 바라는 것이 부모의 마음이다. 아들들은 성공해서 유명해질 수 있기를 많은 부모는 원한다. 그러나 나는 지금도 성공보다 최선을 다하는 사람이 행복하며, 유명해지기보다는 사회에 기여하는 인생이 더 귀하다고 믿는다. 나자신도 그렇게 살기를 바랐기 때문이다.

내 가정은 기독교와 더불어 자랐다. 나 자신이 그러했으니까. 그러나 나는 애들에게 신앙을 강요하지는 않는다. 다만 스스로의 인생관과 가치관을 설정하는 데 기독교 정신이 얼마나 큰 비중을 차지하는가를 알려주고 싶었다. 신앙은 가장 소중한 인생의 선택이다.

나는 손주들의 교육에는 관여하지 않는다. 애들이 나보다 더 좋은 교육을 할 것으로 믿는다. 요청을 받으면 상담하는 정도이다. 그러나 손주들을 위해 기도하는 마음은 항상 갖고 있다. 애들도 그러기를 바라고 있다. 그리스도의 정신과 더불어 봉사하는 가정이 되기를 원하는 마음이다.

3
운명도 허무도 아닌 그 무엇

우정과 종교

나에게 우정은
섭리였던가

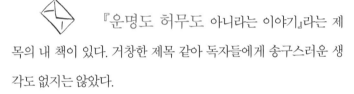 『운명도 허무도 아니라는 이야기』라는 제
목의 내 책이 있다. 거창한 제목 같아 독자들에게 송구스러운 생
각도 없지는 않았다.

4·19 혁명이 있은 후 나는 대학에서 민주화 투쟁의 한 모퉁이
에서 여러 가지 체험을 했다. 그러다가 뜻하지 못했던 행운을 얻
어 1년간 미국 대학에서 연구생활에 참여하게 되었고, 세계 일주
여행을 할 수도 있었다. 그리고 돌아와서 썼던 글을 모은 책이다.

인생의 목적과 영원한 가치를 추구하는 철학자들은 두 가지 길
에서 방황하게 된다. 그 하나는 인생은 운명적인 존재라는 결론
이다. 인도의 업보사상이 그랬고 동양인들의 운명론도 그랬다. 인
과법칙을 거부할 수가 없었던 것이다. 지혜를 사랑하고 자랑하던
그리스 철학자들도 운명론을 극복하지는 못했다. 그리스와 로마
의 신화를 보면 전능에 가까운 제우스 신도 운명 앞에서는 어떻

게 할 수가 없었다.

그런데 그러한 운명적 존재인 인간도 영원 앞에 서게 되면 결국
은 허무로 돌아가게 된다. 수백 광년의 시간 속에서 100세 시대를
떠들어보는 것이 무슨 의미가 있는가. 달나라에서 바라다보았을
때, A군의 키가 B군의 키보다 10㎝가 더 크다고 떠드는 모습을
보면 우습기 그지없다. 결국 유有는 무無로 화하고, 존재는 비非존
재인 허무로 돌아가고 만다. 존재의 무의미를 우리는 허무라고
말한다.

그런데 그 글들을 쓸 때는 운명도 허무도 아니라는 생각이 떠오
르고 있었다.

그러면 무엇인가? 긴 세월이 지난 지금에는 둘 다 아닌 또 하나
가 있었던 것 같다. '섭리'였던 것 같다.

철학적인 얘기가 되어 죄송하다. 그런데 그 섭리라는 생각을 나
의 친구들을 통한 우정의 사건들에서도 어렴풋이 느끼고 있었던
것 같다.

코흘리개 친구 영길이

나의 어렸을 때 처음 친구는 나보다 두 살 아래인 영길이였다.
그 아이는 어렸을 때부터 콧물을 잘 흘렸다. 나는 영길이의 콧물
을 닦아주면서 잘 데리고 놀았다. 영길이의 어머니가 나를 친자

식같이 아껴주었고 그 어머니는 내 모친과도 가까이 지냈다.

나는 우리 마을에서 처음 중학생이 되는 개척자가 되었다. 영길이도 내 뒤를 그대로 밟아 초·중학교를 졸업했다. 나는 신사참배 때문에 1년을 휴학했고 졸업 후에는 1년간 고향 학교 선생 일을 보았다.

그러니까 2년 후배였던 영길이가 대학에 갈 때에는 동 학년이된 셈이다. 나는 대학에서 예과 학부를 거쳐 철학을 전공했는데 영길이는 메이지明治대학 문예과를 나왔다. 나는 영길이가 언제 어떻게 문예 방면의 조예를 갖추었는지 모르고 지냈다.

지금도 기억에 남는 생각이 있다. 내가 일본에서 결혼한 아내와 같이 고향으로 돌아왔을 때 영길이가 집으로 인사를 왔다. 느닷없이 큰절을 하면서 "형님, 절 받으십시오."라고 했다. 그다음부터는 나를 형님으로 대하기 시작했다. 그전까지는 '형석아!'라고 불렀고, 나도 '영길이'라고 하며 거리감 없이 지냈다. 하루아침에 형님이 되니까 좀 얼떨떨했다. 그러나 그런 관계가 되니까 기분도 좋았고 더욱 친구에서 형제가 된 것처럼 정이 두터워졌다.

한 마을에 살면서도 일제강점기 말에는 서로 만나는 기회가 적어졌다. 영길이는 평양에 있는 맹아학교의 교사가 되었다. 그리고 우리나라의 첫 기독교 작가였던 전영택 목사의 사위가 되었다. 숭실학교 출신이기도 했던 배경이 그 인연이 되었을 것 같다. 전 목사의 장녀 되시는 분은 후에 연세대학의 간호학과 교수가 되었다. 전 목사는 나와의 친분도 두터운 편이었다.

해방이 되었다. 2년 뒤 나는 서울로 왔고 영길이는 평양에서 정부의 교과서 편집 관련 일을 맡았다. 그러는 동안에 공산당에 입당할 수밖에 없었고 고향에 있는 영길의 부친도 공산당원이 되었던 것 같다.

6·25 전쟁이 후반기에 접어들었을 때였다. 국군과 UN군이 평양으로 진군하게 되었다. 영길이는 당원이기 때문에 명령에 따라 북으로 피란을 떠나고 부인과 두 어린 아들은 평양에 남았다. 서울의 전영택 목사는 여러 통로로 연락해 딸과 두 외손자를 서울로 데리고 오면서 영길에게는 서울 어디로 오라고 연락망을 남겨놓았다.

그러나 영길이는 당원의 처지였고 자기 부친까지 반공 진영 사람들에게 피살되었기 때문에 평양에 다시 머물렀다. 후에 비서로 있던 여인과 재혼도 했다. 그 부인에게서 딸과 아들을 얻었다. 그것이 영길의 가정적 헤어짐이 되었다.

서울로 온 영길의 두 아들은 여기서 성가成家해서 큰아들이 나를 찾아오기도 했다. 영길이는 고혈압의 체질이었다. 60이 좀 넘은 나이로 세상을 떠났다.

나와 영길은 그렇게 가까이 지냈는데 서로 헤어질 운명이었던 것 같다.

초등학교 때 또 한 친구는 김광윤 장로다. 그 친구의 집과 내 고향 송산리는 6km쯤 떨어져 있었다. 그래도 주말이 되면 광윤이는 우리 집까지 와서 놀다가 가곤 했다. 마음씨가 곱고 착했다. 그 친구 아버지는 대장간을 운영했다. 그 아버지는 팔과 어깨 근육이 벌어진 장사였다.

초등학교를 졸업하고 나는 숭실중학교에, 광윤이는 숭인상업학교에 입학했다. 그 뒤부터는 한 번도 만나본 일이 없었다. 둘 다 탈북을 했다. 광윤이는 미국 장로교 선교부에서 회계 일을 맡아 보면서 장로가 되었다.

내가 대학에 있을 때였다. 용산 삼각지 부근에 있는 한 교회에서 3일간의 설교를 부탁받았다. 청탁을 한 목사가 우리 교회에 어렸을 때 내 친구였던 김광윤 장로가 계신데 기억이 나느냐고 물었다. 내가 반가이 만나겠다고 했다. 교회에 들어서는데 광윤이가 기다리고 있었다. 어렸을 때 모습 그대로였다. 여전히 마음씨가 착해 보였다. 귀가 어두워 잘 듣지를 못한다고 해서 좀 큰 목소리로 얘기를 나누었다.

그렇게 3일간을 보냈다. 헤어질 때 광윤이 머물고 있는 아들 집 전화번호를 받아 가지고 왔다. 그 당시는 내가 너무 바쁘게 지내고 있었다. 몇 차례 전화를 걸었는데, 전화번호가 바뀌었다는 안내 음성만 들려왔다. 기다리다가 교회를 통해 광윤 장로의 소식을 물었다. 어디로 이사를 갔는데 아마 세상을 떠난 것 같다는 것이었다.

건강이 그렇게 나빠 보이지는 않았다. 그렇게 착한 마음씨는 어디에 남겨놓고 떠났나 싶은 생각이 났다. 어렸을 때 우리 집까지 왔다가 떠나갈 때면 나는 산등성이에 올라 광윤이가 나무숲 사이로 사라질 때까지 지켜보다가 집으로 돌아오곤 했었다.

어렸을 때 그렇게 좋아했던 두 친구와의 관계는 영원히 사라지고 말았다.

같은 꿈을 꾸던 우리 셋

중·고등학교와 대학생활을 할 때는 또 다른 두 친구가 생겼다. 같은 꿈을 꾸는 우리 셋이었다. 허갑전 이름은 경남이었다은 성격이 열정적이었다. 부친을 따라 만주에 살면서 평양으로 유학 와서 나와 같이 중학교를 다녔고 일본에서 대학을 다닐 때는 경제학을 전공했다. 정치에도 많은 관심을 갖고 있었다. 내가 가정 사정 때문에 망설이고 있을 때, 일본에 오면 고학을 해서도 대학에 다닐 수 있으니까 용기를 내서 떠나라고 권고해주기도 했다. 부친으로부터 물려받은 기독교 신앙과 애국심이 강한 친구였다.

또 한 친구 박치원은 아버지가 목사였다. 형 박치우는 경성제국대학의 '세 명의 한국인 수재' 중의 한 사람이었고, 후에는 널리 알려진 좌익 진영을 대표하는 정치적 논객이기도 했다.

우리 셋은 일본 도쿄에서 4, 5년 동안 같은 세월을 보냈다. 그 당시에 있었던 에피소드의 하나가 내가 남긴 수필『자유와 사랑의 변증법』에 소개되었다. 널리 읽힌 이야기였기 때문에 중·고등학교의 다른 동창들은 누구의 얘기라는 것을 짐작하고 있었으나 본인들은 몰랐을 것이다. 허 군은 만주로 가 있었고 박 군은 이북에서 지냈으니까.

우리들의 우정은 젊었을 때의 꿈으로 맺어진 것이어서 고상하고 존귀한 것이었다. 서로가 존경했고 기대도 컸다. 세 친구 모두가 신앙과 애국심으로 제각기의 이상을 추구하고 있었다.

내가 일본에서 학도병 문제로 고민하고 있을 때였다. 만주로 피신하는 것이 어떨까 하는 생각을 하면서 잠들었는데, 꿈에 허 군이 나타나 여기는 더 위험하니까 오지 말라고 권고하기도 했다. 그래서 일본에 그대로 머문 일도 있었다.

해방이 되었다. 박 군은 서울에 있으면서 서울대학에서 독일어를 가르치고 있었다. 허 군은 만주에 있다가 일본 경찰의 감시망을 피해 연안까지 갔다. 거기서 김두봉을 만나 공산당원이 되었다. 박 군은 목사인 아버지와 공산주의자가 된 형 사이에서 고민하고 있었다.

해방이 된 1945년 늦가을이었다. 평양에서였다. 나는 거리 이쪽을 걷고 있는데 맞은쪽을 지나던 허 군이 나를 보고 이름을 부르면서 달려왔다. 우리는 서로 부둥켜안고 똑같이 "살아 있었구나."라며 기쁨을 나누었다.

그러나 불행하게도 그날 밤 우리 둘은 여러 가지 얘기를 나누다가 나는 허 군이 공산주의자가 된 것을 알았고 허 군은 내가 반공주의자인 것을 인정했다. 그 이념적 차이가 그렇게 큰 줄은 몰랐다. 다음 날 아침에 헤어지면서 우리는 서로가 건널 수 없는 강 양쪽에 있다는 사실을 직감했다. 기쁘게 만났다가 말없이 악수를 하면서 헤어졌다.

허 군은 평양공산당 선전부장이 되어 숭실전문학교 2층에 자리를 잡았고 나는 시골 고향에서 조용한 교육계에 몸을 숨기고 있다가 탈북했다. 북한을 떠나기 전에 한 번 더 보러 갈까 했으나 발걸음이 그쪽으로 옮겨지지 않았다. 90이 넘은 지금이라면 그래도 찾아갔을 것 같다. 우정이 정치적 이념보다 중하고 또 귀해지지 않으면 안 되기 때문이다.

38선을 넘어와 대학에 있는 박 군을 만났다. 아무도 없기 때문에 나는 옛날의 우정을 생각해 "남들이 너를 좌익이라고 오해하고 있더라."고 말했다. 박 군은 주변을 살피면서 서울서는 그런 얘기는 서로 삼가고 있다고 말했다. 나도 '알고 있어'라고 말하고 싶었다. 그 후에는 만날 기회가 없었다. 없었다기보다 기회를 만들지 않았다. 6·25를 겪으면서 북으로 가버린 것이다.

그다음에는 두 친구를 다 만나지 못했다. 허 군은 김두봉파가 밀려나면서 공산당학교 교수로 갔다가 다시 숙청당해 아오지로 가게 되면서 자살한 것으로 알려지고 있다. 그럴 수 있는 열정의 소유자였다.

내가 미국에 두세 차례 갔을 때는 국회도서관의 한국과 북한부 담당자로 있던 동창 양기백에게 혹시 허 군이나 박 군이 쓴 책이나 다른 소식을 발견했는지 물어보곤 했다. 없었다는 대답이었다. 지금은 박 군도 세상을 떠났을 것이다.

그렇게 가까운 사이였는데, 같은 꿈을 갖고 살았는데도 모두가 운명의 안개 속으로 사라지고 말았다. 얼마나 사랑했고 존경스러웠던 친구들이었는데.

철학계의 삼총사

그러는 동안에 나는 연세내로 일터를 옮겼다.

그 당시에는 지성사회를 대표하는 월간지 『사상계』에 대한 관심이 대단했다. 한번은 청탁을 받고 썼는지 내가 써서 원고를 보냈는지 기억나지 않지만 '현대의 본질'이라는 원고를 기고한 일이 있었다. 사상계 편집위원회에서는 그 글을 월간지 권두논문으로 실었다. 그때 편집장을 맡고 있던 이가 안병욱 교수였다. 아마 안 선생이 나에게 관심을 갖는 계기가 되었을 것 같다. 나도 그때부터 안 선생의 이름을 기억하게 되었다.

몇 해 후에 안 선생이 연세대로 부임해 왔다. 사상계의 장준하 사장이 연세대 백낙준 총장에게 추천하지 않았나 싶은 추측을 했다. 그렇게 부임해 왔다가 곧 대학을 떠났다. 숭실대학으로 적을 옮겼다. 그러면서 서로 가까이 지내게 되었다. 그러다가 1961년 여름에 미국에 교환교수로 갈 때부터는 더없이 가까운 사이가 되었다.

우스운 기억이 떠오른다. 나는 소심한 편이기 때문에 혼자 해외로 나가는 것이 부담스러웠다. 그래서 안 교수에게 같이 가자고 했더니 "여행은 혼자 해야 낭만도 있고 좋지, 같이 가면 재미가 없다."면서 거절하는 것이다. 할 수 없이 걱정하고 있을 때였다. 미국 대사관 문정관으로 있던 핸더슨 씨가 그 전해에 미국을 다녀온 교수들과 그해에 떠나는 교수들을 만찬에 초대한 일이 있었다.

그때 먼저 미국을 다녀온 한 교수가 될 수 있으면 동행을 찾아 함께 가지, 혼자 가지 말라는 충고를 했다. 비가 쏟아지는 시애틀 비행장에 혼자 내렸는데 어떻게 할지를 몰라 되돌아오고 싶었다는 자신의 경험담을 소개했다. 그 얘기를 들은 안 교수가 나를 찾아왔다. 같이 가자고 생각을 바꾼 것이다.

그 당시는 팬암항공사의 제트여객기를 타는 것이 큰 자랑거리같이 보이던 때였다. 그런데 나는 미국 국무성 초청이었기 때문에 일등석을 이용하는데 안 교수는 일반석을 타게 되었다. 그 당시 일등석은 비행기 탑승구부터 주홍색의 카펫을 깔아주곤 했다. 나는 그 위를 걸어 비행기 앞 출입구로 올라가고 안 선생은 줄을 서서 일반석으로 탑승했다. 꽘, 하와이를 거쳐 샌프란시스코공항까지 그랬다.

그 뒤부터 나는 기회가 생기면 "일등석 양반과 일반석 서민이 같아?"라면서 농담을 했다. 안 선생은 "혼자 고생할 것 같아 데리고 갔더니, 이제 그런 얘기는 하지 마라."고 응수하기도 했다.

다음 해 여름에는 나와 안 선생, 그리고 서울대학의 한우근 교수 셋이서 세계 일주 여행을 떠났다. 긴 여행 기간 동안에 우리는 잊을 수 없는 우정을 쌓아갔다.

서울대학 철학과의 김태길 교수는 약간 늦게 미국서 학위를 끝내고 귀국했다. 내가 연세대 철학과 과장으로 있을 때 연세대로 부임해 왔다. 같은 대학에 있었기 때문에 친분과 우정을 굳혀가게 되었다. 몇 해 뒤 서울대학으로 간 후에도 친분과 우정은 변함이 없었다.

그렇게 되어서 서울대학의 김태길 교수, 숭실대학의 안병욱 교수, 그리고 연세대학의 나는 철학계와 더불어 사회적으로도 관심을 모으게 되었다. '철학계의 삼총사'라는 말은 어디서나 들을 수 있었다. 김태길 교수는 2, 3년 늦게 학계와 사회의 관심을 끌기 시작했으나, 오랫동안 좋은 업적을 남겨주었다.

사랑이 있는 경쟁

우리 세 사람의 관계는 조금씩 다른 면이 있다. 김태길 선생은 학구적으로 많은 업적을 남긴 반면 사회적 활동은 좀 좁은 편이다. 반면 안 선생은 학구적인 영역보다는 사회활동의 업적이 큰 셈이다. 나는 그 중간쯤에 해당할 것 같다.

나와 안병욱 선생은 어디서나 자주 만나고 친분이 많았다. 나와 김태길 선생과도 그런 사이다. 그러나 안 선생과 김 선생과의 사이는 그렇게 만나는 일이 많지 않았다. 어떤 때는 내가 중간의 연락을 맡기도 했다.

안 선생과 나는 문장도 좋고 강연도 인기가 높은 편이다. 그에 비하면 김태길 선생은 문장은 뛰어나지만 강연에는 능숙한 편이 아니었다. 안 선생은 일찍부터 서예를 좋아했기 때문에 달필인 편이다. 나는 타고난 재간이 없어 졸필이라기보다는 악필에 가깝다.

우리들 셋 모두가 같은 마음과 생각이었고, 세 사람의 우정은 축복받은 관계였다. 흔히 셋이 같은 철학계에서 비슷한 활동들을 하기 때문에 라이벌 의식이 없느냐, 는 질문을 받는다. 어디에나 있는 일이다. 예술계에서는 그 경쟁의식이 파벌관계로까지 번지는 경우도 있다. 그러나 우리 셋은 그런 생각은 갖지 않는다. 그래서 나는, 이기적인 경쟁은 우리를 불행하게 만들고, 선의의 경쟁은 성장과 발전을 초래하나, 사랑이 있는 경쟁은 행복을 더해준다고 믿는다. 우리의 경쟁은 사랑이 있는 경쟁이었다. 학문과 사회를 위해 더 많은 도움을 줄 수 있도록 서로 위해주는 노력이었다고 생각한다.

이런 이야기를 하는 것은 나를 위해서가 아니다. 두 친구를 자랑하고 싶어서이다. 정말 존경스러운 인품과 성격을 갖추고 있었다. 나는 도산 안창호 선생과 인촌 김성수 선생으로부터 많은 것을 배우면서 자랐다. 그다음에는 지금까지 두 친구보다 더 많은 가르침과 도움을 준 사람이 없었다.

우리 셋은 반세기 동안 함께 일했다. 나는 항상 두 분이 오래 건강해서 많은 일을 하게 해달라는 마음을 가지고 지냈다. 두 친구가 다 80대 말까지 많은 일을 했다.

80대 중반쯤의 일이다.

안 선생에게서 전화가 왔다. 더 늦기 전에 셋이서 1년에 네 번쯤 봄, 여름, 가을, 겨울에 만나 차도 마시고 식사나 같이 하는 시간을 만들면 좋을 것 같은데, 김태길 선생과 상의해보라는 청이었다. 나는 좋겠다고 생각했다. 그 뜻을 김태길 선생에게 전했다. 전화를 받은 김 선생이, "글쎄, 좋은 생각이고 나도 그렇게 하고 싶은데 또 다른 생각도 해보아야 하지 않을까. 우리 셋이 다 80대 중반인데, 가는 세월이야 누가 붙잡을 수 있겠어요. 누군가 한 사람씩 먼저 떠나가야 할 텐데……. 가는 사람이야 모르지. 그러나 다 보내고 남는 사람은 얼마나 힘들겠어. 그저 지금같이 멀리서 마음을 같이하면서 지내다가 차례가 되어 떠나고 보내는 편이 좋지. 늙어서 다시 정을 쌓았다가 그 힘든 짐을 어떻게 감당할 수 있겠어……?"라면서 다시 생각해보자는 의견이었다.

내가 그 얘기를 했더니 안 선생도 "그 생각까지는 못했는데, 우리가 너무 늦었지?"라고 말했다. 그 후에는 그 일은 없었던 것으로 했다. 그런 예감이 먼저 있었을까. 김태길 선생이 먼저 89세를 일기로 우리 곁을 떠났다. 뒤이어 안 선생도 병으로 거동이 불편해졌다. 93세로 나만 남기고 떠났다.

두 친구를 보내고 난 후에는 내 인생을 사는 것 같지가 않았다. 한층 더 고독해졌다. 이제는 남은 친구가 없어졌다.

생각해보면 인간의 뜻과 운명은 누구도 모른다. 철없을 때 친구들은 추억마저도 사라지고 철들었을 때의 친구들은 헤어질 운명이었던 것 같다. 역사가 안겨준 짐이기도 했다. 그러나 말년에 우리들의 우정은 사회적 공감을 얻으면서 오래 남게 되었다. 그래서 우리들의 삶과 그 의미는 어떤 섭리에 따른 것 같다는 생각을 하게 된다.

내 친구
안병욱

 1970년쯤으로 기억한다.

경부선 열차가 천안역에 정차했을 때 내 왼쪽에 앉아 있던 승객이 내리고 그 자리가 비었다. 복도 저쪽에 앉아 있던 한 젊은 여성이 내 옆자리로 옮겨 앉으면서, 옆에 앉아도 괜찮겠냐고 인사를 했다. 물론 그러세요, 라고 반기는 표정을 지었다.

그 여자는 "저는 교수님을 잘 알고 있습니다. 쓰신 책도 읽었고요. 방송도 듣곤 했으니까요……."라면서 어색함이 없이 말을 꺼냈다. 나는 약간 피곤도 했기 때문에, "그러세요, 반갑습니다."라고 말했다. 그 여자 승객은 "교수님 고향은 북한이고요. 어린 시절은 시골에서 보내시다가 평양에서 중·고등학교를 다니셨지요?"라는 것이다. "모르는 것이 없네요."라면서 웃었더니, "그다음에 일본으로 건너가 대학에서 철학을 전공하셨고요. 해방 후에는 월남하셔서 잠시 고등학교에서 교편을 잡으시다가 대학의 교수가 되셨지요. 책도 여러 권 쓰시고 방송과 강연도 많이 하셨지요? 프랑스의 파스칼에 관한 글도 읽었던 것 같은데요……."라면서 내 과거를 상세히 아는 것 같았다. 내가 "나에 대한 관심이 많은 것 같아 기분이 좋은데요?"라면서 웃었더니 "사진으로만 보다가 직접 옆에서 뵈니까 생각했던 것보다 미남자십니다."라면서 내 얼굴을 쳐다보았다. 그러더니 "아! 참, 제일 중요한 것을 잊고 있었습니다. 성함은 안병욱 선생님이시고요……."라는 것이었다.

그 얘기를 듣는 순간 나는 멋쩍고 실망스럽기도 했다.

이제 와서 "나는 안병욱이 아닙니다."라고 말하면 그 아가씨가 얼마나 민망스럽고 실망스러울까 하는 생각도 들었다. 그래서 "혹시 안병욱 교수와 친구인 김형석 교수도 잘 아세요?"라고 말꼬리를 바꾸어보았다. 그 아가씨는 "그럼요. 두 분이 아주 가까운 사이인 것 같았어요. 내 친구들도 다 잘 알고 있던데요……. 그래도 저는 교수님이 좀 더 좋았던 것 같아요."라는 것이었다.

할 수 없이 서울역에 도착할 때까지는 안 교수 행세를 할 수밖에 없었다. 그 아가씨는 역 앞 광장에서 헤어지면서는 오른손을 흔들어 보이면서 사라져갔다.

나는 좋은 것 같기도 하고 실망스러운 것 같기도 한 생각을 갖고 집으로 돌아왔다.

저녁을 먹으면서 아내에게 "내 이름보다는 안병욱 선생 이름이 부르기가 훨씬 편한 것 같아. 아무래도 할아버지가 지어준 내 이름이 좀 딱딱해서 나보다 안 선생 이름을 좋아하는 것 같기도 하고⋯⋯."라면서 기차 안에서 있었던 얘기를 했더니, 아내는 "그것은 이름 때문이 아니고요, 안 선생님이 당신보다 활동을 더 많이 하시니까 그런 겁니다."라면서 내 체면을 인정해주지 않았다. 그래서 "그 아가씨가 나를 보고 미남자라고 인정해주었어요."라고 응수했더니, "그거야 옆에 앉아서 당신 치아를 보지 못했으니까 그렇지, 정면으로 마주 보았다면 달라졌을 겁니다."라는 것이었다.

아내는 끝까지 나를 인정해주지 않는 것 같았다.

며칠 후에 안 선생을 만나 그 얘기를 했더니, 안 선생은 "나도 때때로 김 교수와 착각하는 이가 있어서 당황하는 경우가 있어."라면서 웃었다. 그러더니 "그러면 그 아가씨에게 내 전화번호라도 알려주지 그랬어."라며 자기가 직접 만났어야 했는데 하는 표정이기도 했다.

쌍둥이 이력

한번은 안 선생에게서 전화가 왔다. 자기가 모 기관의 시상위원회 심사위원이 되었는데 혹시 김 교수가 대상자로 어떨까, 싶어 생각 중이라는 것이다.

나는, 나도 추천을 하게 되는 경우가 있어 이력서까지 받아두었다가 안 되는 것을 본 적이 있으니까 내 생각은 하지 말라고 얘기했다. 안 선생은 그럴 것 같다면서 양해해주는 것 같았다.

여러 날이 지났다. 밖에 나갔다가 집에 들어왔는데 가정부 아주머니가 "선생님 친구 가운데 안 교수라는 분이 있으세요? 안 계실 때 전화가 왔는데, 저는 내용은 잘 모르겠어요. 그저, '됐다'고만 얘기하라던데……?"라고 말끝을 흐렸다. 나도 무슨 뜻인지 몰라 "또 전화를 건다고 그랬어요?"라고 물었더니 그런 말씀은 없었다는 것이다.

그리고 두세 주간이 지난 것 같다. 내가 인제대학에서 주는 제1회 인성대상을 받게 되었다는 연락이 왔다. 그래서 알아보았더니 안 선생이 이력서나 추천서도 없이 나를 추천했는데 만장일치로 수상자가 되었다는 것이다.

그 후에 심사위원의 한 사람이었던 모 대학의 총장이 "두 분 사이의 우정이 참 좋으시데요. 사회에서는 두 분이 상당한 라이벌 관계인 것으로 알았는데 그렇게 서로 위해주면서 지내는 줄은 몰랐습니다."라고 말했다.

나는 나보다도 안 선생의 인품이 좋은 덕분이라고 말했다. 안 선생이 떠나고 나니까 한층 더 그분이 그리워진다.

안 선생과 나는 공통점이 너무 많다. 내 이력과 경력을 고유 명칭만 빼고 얘기하면 누구나 동일한 사람으로 볼 정도이다. 생년은 같은 해이면서 내가 3개월 먼저 태어난 셈이다. 태어난 곳도 우리 둘에게 큰 영향을 남겨준 도산 안창호 선생의 고향에서 나는 동북쪽으로, 안 선생은 서남쪽으로 비슷하게 가까운 셈이다. 같은 시기에 평양에서 자랐고 일본에서도 같은 때에 학업을 이어갔다. 무엇보다도 우리 둘은 노력을 해도 안 될 정도로 비슷한 일을 했다.

무엇보다도 1961년과 62년에 같이 미국에 가 머물다가 함께 유럽과 동남아를 거쳐 귀국하는 여행을 했다. 그런 일들을 겪으면서 우리 둘은 평생에 잊을 수 없는 우정을 쌓아갔다. 나는 계속 서울 서쪽에 살았고 안 선생은 동쪽에 살면서 새의 두 날개와 같은 위상을 차지하면서 지냈다. 같이 강연을 다니는 일은 수없이 많았다.

한번은 제주도에 갔을 때였다. 강연하기로 되어 있는 강당 옆 대기실로 들어가 앉았더니 누군가가 민저 강연을 하고 있었다. 들어보았더니 내가 할 강연과 같은 성격의 강연이었다. 누군가 하고 생각해보았다. 목소리를 식별하고서야 안 선생인 줄 알았다. 아마 다른 사람이 들었으면 내가 강연하는 것으로 착각했을지도 모른다.

강연을 끝내고 대기실로 들어오는 안 선생에게, "같이 오게 된 줄은 모르고 왔는데 먼저 오셨군요. 꼭 내 그림자같이 따라다니네……."라고 놀렸더니 "따라온 사람이 그림자지, 내가 먼저 온 것을 보고도 그러나……."라면서 웃었다.

물론 안에서 보면 다른 점이 많이 있다. 그러나 밖에서 보면 같은 면이 너무 많았다.

꿈에도 갈 수 없는 고향

우리 두 사람은 같은 때에 탈북한 실향민이다.

남북 이산가족 상봉 때가 되면 실향민끼리 이산의 아픔을 서로 잘 이해는 하면서도, "평안남도 도청사무실에서 이산가족 상봉 신청을 하라는 연락이 없었어요?"라고 물으면 "우리보다 절박하게 상봉해야 할 사람이 너무 많아서……"라면서 얘기를 끊는다. 우리가 양보해야지, 하는 생각에서이다.

안 선생도 그랬을 것이다. 나도 한때는 꿈을 꿀 때마다, 고향에 가곤 한다. 그러고는 또 어떻게 이곳을 빠져나가지, 하는 고통을 겪는다. '아는 사람들은 모두 빨갱이가 되어 있을 텐데 숨을 곳도 없고……'라면서 애태우다가는 꿈에서 깨어난다. 탈북할 때의 고통이 가장 큰 인생의 상처로 잠재의식 속에 남아 있었던 것 같다.

미국에 갔다가 집안 동생인 달홍이가 평양에 다녀온 소식을 들었다. 오래전 일이다. 평양 보통강호텔에서 사흘을 기다렸더니 달홍의 어머니가 셋째 동생과 같이 찾아왔다. 부친이 인쇄소를 해 잘살았기 때문에 시골로 쫓겨나 살고 있었다. 미국서 가족이 왔다고 해서 가까운 작은 도시의 단칸집으로 이사를 시켜주고 도배가 끝날 때까지 기다려야 했던 것이다.

달홍의 어머니가 아무도 없을 때 달홍에게 "네 막냇동생은 빨갱이가 다 됐다. 무슨 말을 하더라도 듣기만 해라. 아래 동생과는 무슨 말이든지 해라. 나하고 통하고 있으니까."라고 말했다는 것이다.

시골에서 1주간을 보내고 순안공항까지 왔다. 가족들이 배웅을 하는데 막냇동생은 "형님도 빨리 살기 좋은 우리 인민공화국으로 오세요."라고 얘기했다. 큰동생은 아무 말도 없이 서 있는 표정이, '형님, 그때 날 데리고 가지 왜 혼자 떠났어요.'라고 원망하는 것 같아 비행기가 떠난 후에야 눈물이 났다는 얘기였다.

달홍이는 그 뒤에도 두 번 더 북한에 다녀왔다. 미국 시민권을 갖고 있었기 때문에 가능한 일이었다. 갈 때마다 미화로 1불, 5불 짜리를 많이 갖고 가 뿌리고 온다는 얘기었다. 마지막으로 갔을 때는, 북한에 있는 가족들을 위한 가장 큰 선물이 가족 가운데 노동당원이 있는 것이라고 해서 돈을 좀 주고 왔다고 했다. 돈만 있으면 당원증도 딸 수 있다는 얘기었다. 달홍이는 자기같이 이름 없는 사람은 돈만 갖고 가면 대우를 받지만 형님 같은 사람은 가서는 안 된다는 당부였다.

10년쯤 지난 후였다. LA에 사는 친척 김용선 의사를 만났다. 그 의사는 나보다 샘터사 창설자인 김재순 선생과 더 가까운 친척이다.

김 의사가 의사협회 회원으로 평양에 갔을 때였다. 동생이 당원으로 영향력이 있었기 때문에 내 고향인 만경대 뒷마을 송산리에 가서 나의 가족들을 찾아보라고 부탁했다. 동적부에는 인민공화국을 등지고 남조선에 가 반공운동에 앞장서서 일하는 악질 반역분자로 낙인찍혀 있었다는 보고였다. 그래서 용선이는 평양에 머무는 동안 내 가족들을 찾아보지도 못했다는 얘기를 했다.

내가 자란 고향에서 옛날에 같이 살던 사람들은 지금은 모두 북한 전역으로 흩어져 살고 한 가정도 남지 못하는 처지가 되었다. 산야만 남고, 그 일대는 어린이대공원으로 되어 주민들이 거주하는 곳은 사라진 것이다.

나도 완전히 실향민이 된 셈이다.

그래도 고향은 고향이다

두 차례 다녀올 기회가 있었다. 한 번은 내가 20년 동안 이사로 있던 사회사업기관인 월드비전에서 전세기로 다녀오자는 권고를 받았다. 국제기관이고 평양에도 지부가 있기 때문에 문제가 없을 것이라는 권고였다. 그러나 떠나기 며칠 전부터 독감으로 못 가게 되었다.

또 한 번은 평양에 과학기술대학을 설립한 김진경 총장이 개교식에 은사인 나를 귀빈으로 초대할 테니까 동행하자는 통고였다. 그러나 평양의 정치적 사정으로 개교식이 연기되면서 그 꿈도 수포로 돌아간 셈이다.

그러나 솔직히 말하면 그곳은 내가 갈 곳은 못 된다. 가고 싶은 마음도 없다. 이제 내가 갈 곳은 잃어버린 과거의 공간인 고향이 아니다. 영구히 잠들어야 하는 미래의 고향인 공간이다. 살아 있는 동안에 통일이 된다면 몰라도.

안 선생도 나와 같은 심정일 것이다. 병으로 칩거하기 전에 한 번은 아들들 앞에서, "내게 남은 한 가지 소망은 고향에 가 부모님 산소에 큰절을 드리고, 부모님께 다하지 못한 불효를 용서해달라, 고 말씀드리고 마음껏 우는 것"이라고 말한 적이 있다.

내 마음도 마찬가지다. 아버지 산소에 가서 용서를 빌어야 하겠는데 역사는 내 소원을 받아들이지 않을 것 같다.

강원도 양구 '철학의 집'

이렇게 지나는 동안에 우리 둘은 90고개를 넘겼다. 점점 고향은 멀어지고 갈 곳은 없어지고 있을 때였다.

강원도 양구의 뜻있는 분들이 안 선생과 나에게 제2의 고향을 장만해주겠다는 연락을 해왔다. 양구는 휴전선 밑이니까 북한과는 가장 가까운 곳이다. 그리고 우리 국토 정중앙에 해당하는 곳이다. 나와 안 선생은 감사히 받아들이기로 했다. 안 선생은 생전에 한 번은 양구에 가보고 싶어 했다. 우리 둘을 위한 '철학의 집' 기념관 개관식 때였다. 그러나 병중이어서 그 뜻은 무산되고 말왔다. 그래도 유가족들이 용머리공원 기념관 옆에 안 선생의 영원한 안식처를 준비해두었다.

2013년 10월 7일 새벽, 안 선생은 우리 곁을 떠났다. 그리고 10월 10일에는 양구에서 영결예배가 있었다. 나는 슬프지는 않은 것 같은데 계속 눈물이 흘러내렸다. 왜 그런지 혼자라면 마음껏 울고 싶은 심정이었다. 안 선생의 일생은 자랑스러웠다. 누구나 그를 아껴주었고 존경했다. 그보다 축복받은 생애는 쉽지 않았을 것이다. 90을 넘겼으면 더 욕심낼 나이도 아니었다. 그런데도 나는 울고 싶었다. 슬퍼서가 아니었다. 나 혼자 남았다는 고독감에서 오는 외로움이었는지도 모르겠다. 아마 그렇게도 사랑하던 조국의 통일을 못 보고 가는 서러움이었을 것 같다.

나는 마음속으로 약속했다.

나만이라도 통일을 보게 되면 제일 먼저 와서 그 소식을 전해주겠다고.

현대인에게도
종교는 필요한가

프랑스의 오귀스트 콩트Auguste Comte · 1798-1857 는 사회과학의 개척자로 인정받고 있다. 그는 인류 역사의 과정을 설명하면서 "옛날에는 종교가 사상계의 큰 영역을 차지하고 있었다. 그러나 이성적 철학사유가 증대되면서 정신계의 큰 부분을 철학이 계승했다. 그러다가 근대사회로 접어들면서 과학의 발달과 더불어 종교는 설 자리를 상실해가고 있다."고 주장했다.

그의 예견이 옳았다고 보는 사람들이 늘어나고 있는 것이 사실이다. 그런데 인간학의 개척자로 알려지고 있는 독일의 철학자 막스 셸러Max Scheler · 1874-1928는 다른 견해를 제시했다. 인간은 종교적 신앙, 철학적 사유, 과학적 영역을 동시에 갖고 있으나 시대와 사회적 여건에 따라 비중의 차이가 있을 뿐 탐구의 과제와 영역이 다를 뿐이라고 보았다.

두 철학자의 주장이 다 정당할 것이다. 역사가 보여주는 현실이

부분적으로 두 주장 모두를 받아들였다고 볼 수 있겠기 때문이다. 종교의 영역이 좁아졌다고 해서 종교적 신앙이 사라진 것도 아니며 인간적 실존의 근거로서의 종교적 기대가 근절될 수도 없겠기 때문이다.

무한의 강가 이편에 서서 저편을 보고

나는 이런 문제를 갖고 있는 제자들에게 다음과 같은 비유를 말하는 때가 있다.

어떤 인생의 후반기를 맞이한 사람이 '무한'이라고 불러서 좋을 넓은 강가에 서서 강 저편을 응시하고 있다. 그때 한 사람이 옆에 다가와서 "나는 당신이 젊었을 때 이 강가에 서 있는 것을 보았는데 어디서 헤매다가 다시 이곳으로 왔느냐?"고 물었다. 그 질문을 받은 사람이 말했다. "시간과 더불어 살면서 어떤 영원한 것이 있는가 싶어 여러 곳을 찾아다녔습니다. 학문과 예술이 있는 곳도 갔었고 정치나 경제적 이념을 찾아보기도 했습니다. 그런데 그 어디에도 '영원'은 없었습니다. 더 늙기 전에 혹시 이 강을 건너 저 피안에는 '영원'이 있을까 싶어 다시 이곳까지 왔습니다."라고 대답했다.

옆에 섰던 사람은 "다시 돌아가 찾아보세요. 이 강은 건널 수도 없고 또 한 번 건너가면 되돌아올 수도 없습니다. 모든 사람이 사는 곳으로 돌아가는 것이 편하고 즐거울 것입니다."라고 권했다.

그 얘기를 들은 사람은 "다 다녀보았습니다. 다시 간대도 저에게는 해답이 없을 것입니다. 알고 싶은 것은 이 강 저편에는 '영원'이 있는가 묻고 싶을 뿐입니다."라고 했다.

그러자 옆의 사람이 "강 저편에는 '영원'이 있습니다. 그러나 당신은 이 강을 혼자 건널 수 없습니다. 누군가의 도움을 받아 건너간다고 해도 다시 돌아오게 되지 못할 것입니다."라고 말했다.

강가에 서 있던 사람이 다시 물었다.

"강 저편에는 '영원'을 확증할 무엇이 있습니까?"

"거기에는 하나님의 사랑이 있습니다."

"그것이 진실이라면 갈 수 있는 길과 방법이 있어야 할 것이 아닙니까?"

"강 이편에 있는 모든 것을 포기하고, 강 저편으로 가겠다고 결단을 내린다면 내가 안내해드리지요."

"그러면 나를 찾아온 당신은 누구입니까?"

"나는 예수 그리스도입니다 또는 석가모니입니다. 라고 대답할 수 있을 것이다."

그때 그 사람은 인생에 걸쳐 단 한 번이면서 마지막인 결단을 내려야 한다.

"나를 그 하나님의 사랑이 있는 곳으로 안내해주십시오."라는.

진정한 의미의 종교적 선택과 결단은 그런 것이다.

그러면 이러한 선택을 한다는 것은 무슨 뜻인가.

기독교의 경우 과거에는 자신을 믿고 스스로의 인생관과 가치관을 갖고 살았으나 이제부터는 예수의 교훈과 삶의 내용을 나의 가치관과 인생관으로 삼고 살겠다는 엄숙한 선택이다. 그것은 스승이나 존경하는 어떤 사상가의 교훈보다도 예수의 교훈 이상이 없고 사회적 희망을 안겨주는 가르침이 없기 때문이다.

나는 대학에 있을 때 칸트의 『실천이성비판』을 공부했다. 참 힘들게 노력해서 얻은 칸트의 학설이다. 그러나 예수는 아주 쉽게 '너희가 남에게 대접을 받고자 원하는 것같이 너희도 남을 대접하라'는 가르침을 주었다. 모든 사람의 대인관계의 교훈이다.

그래서 어떤 물리학자의 말을 지금도 기억하고 있다.

"아인슈타인 같은 천재적 물리학자가 어떤 가설을 예고하고 세월이 지나면 수학자들이 그것을 입증할 수 있게 된다. 그 원리를 실험을 통해 확증하면 우리 모두가 받아들인다. 그런 것처럼, 종교적 천재라고 볼 수 있는 인생의 스승이 가장 영구한 진리를 가르쳤다면 그것을 우리의 역사적 현실에서 구현될 수 있다고 믿는 것은 잘못이 아니다."

그분들의 가르침이 몇백 년 또는 수천 년을 두고 우리들의 인생관이 되는 것은 역사의 현실이기도 하다. 그래서 공자의 교훈을 2500년 동안 이어오기도 했고 석가의 가르침에 모든 삶의 지혜를 모으기도 한다.

크리스천들은 예수의 교훈보다 앞서는 가치관과 인생관을 찾을 수 없기 때문에 그의 제자가 되는 것이다.

"내가 너희를 택했다"

그렇다면 종교적 신앙을 갖는다는 것은 무엇을 뜻하는가.

예수의 교훈이 내 인생의 진리가 되었기 때문에 그대로 믿고 따르는 동안에 어떤 은총의 체험을 통해 확고한 생의 신념을 갖게 된다는 것이다. 은총의 체험이란 과학적 개념은 아니다. 윤리적 규범과 합치되면서도 초월하는 것이다.

자연세계에는 법칙이 있다. 그 법칙을 어기거나 거부하면 삶이 유지되지 못한다. 그것은 법칙인 동시에 자연적 질서라고 보는 편이 더 좋을지 모른다. 그것들은 우리가 살아가면서 체험하는 질서들이다. 경험과학에 속하는 규범 비슷한 것이다.

그러나 인간적 삶은 그것으로 채워지지 못한다. 그와 더불어 어떤 정신적 질서가 있어 삶의 역사와 사회적 가치가 성립된다. 원리적 규범도 있고 선의의 가치도 있다. 정의의 규범과 질서도 있다. 평화를 위한 의무도 있고 불의를 억제해야 하는 권리와 의무도 있다. 이러한 정신적 가치와 질서가 무너진다면 인간들의 삶은 그 의미를 상실하게 된다.

그것이 인간적 삶의 전부라면 종교의 필연적 가치는 인정되지 못한다. 그런데 신앙인들은 그 정신적 가치와 질서 속에 어떤 은총의 가치와 질서를 체험하는 때가 있다. 모든 종교 지도자들은 그런 체험을 통해 신앙의 높은 차원에 도달하게 된다. 흔히 말하는 '은총의 선택'이 그것이다. 내가 누군가에 의해 선택을 받고 있다는 체험이다.

성경에는 '너희가 나를 택한 것이 아니라 내가 너희를 택했다'는 표현을 쓰고 있다. 인간적 자유에 의한 것도 아니고 자연이나 정신적 질서를 넘어선 어떤 부르심을 받는다든지, 택함을 받았다는 의미다. 그런 체험은 역사를 통해 수없이 나타나며 종교의 생명적 흐름을 주도해왔다.

운명도 허무도 아닌

그와 맥을 같이하는 은총의 체험 중의 하나는 섭리의 체험이다.

내가 초등학생이 되었을 즈음이니까 옛날 일제강점기 때이다. 시골 아주머니들이 냇가에 앉아 빨래를 하다가 주고받는 얘기였다. "물레바퀴도 때를 따라 돌아가는 법인데, 우리도 언젠가는 마음대로 사는 때가 오겠지……."라는 것이었다. 파출소 순경이 긴 칼을 차고 자전거를 탄 채로 마을을 한 차례 둘러보고 동구 밖으로 나가는 것을 보면서 초등학교도 다녀보지 못한 아주머니들이 '때가 되면 우리도 독립해서 자유롭게 사는 세상이 되겠지'라는 기원이 깔린 하소연을 했던 것이다.

90년이 지난 지금도 그 옛날을 잊지 못하는 것은 일제로부터 해방되었으나 우리 부모님들이 염원했던 자유는 주어지지 못하고 있기 때문이다. 나같이 북한이 고향인 사람들에게는 더욱 그렇다.

그리고 지금 생각해보면 우리들의 삶은 역사의 운명적 수레바퀴가 굴러가는 안에서 자유를 찾아가는 순례의 길인 것 같기도 하다. 내가 대학생일 때 읽었던 한 독일의 철학자는 "참 자유로운 사람을 한번 보았으면 좋겠다."고 술회하고 있었다. 그러면서 "역사 속에서는 예수와 그의 후세의 제자였던 성 프란체스코가 참 자유를 누렸던 것 같다."고 고백하고 있다.

운명으로부터의 자유는 그렇게 소중한 것이다.

쇼펜하우어는 "젊었을 때는 모두가 자유를 외치다가도 늙으면 모든 것이 운명이었다고 인정하게 된다."고 말한다. 지혜로운 사람들은 운명론자가 된다는 뜻이다. 독일의 프리드리히 니체는 "잡스러운 범인들의 삶을 버리고 초인超人이 돼라."고 외쳤다. 그러나 그 초인은 운명을 순순히 받아들이는 운명애愛의 철인이라고 말했다.

또 가장 지혜로운 사람이라 하더라도 허무주의와 회의주의의 울타리를 넘어설 수가 없었다. 솔로몬은 지혜를 상징하는 인물이다. 그러나 인간 역사에 관해서는 허무주의자였다. 유신론적인 허무주의자라고 말해서 좋을지 모르겠다. 아마 우리 문화사에서 가장 훌륭한 지혜를 갖춘 사람은 독일의 괴테였을 것 같다. 역사상

가장 아이큐가 높은 사람은 괴테라는 얘기를 들은 기억이 있다. 그러나 괴테는 『파우스트』의 주인공과 같이 회의주의자였다. 회의주의자의 결론은 허무주의로 귀착된다.

그 둘, 즉 운명과 허무가 전부라면 인간과 삶의 의미는 어떻게 되는가. 그렇다면 제3의 삶의 길은 없는가라고 묻고 싶었다. 그런데 구약과 신약의 역사를 보면 운명론도 허무주의도 아니다. 또 다른 차원의 인생관이 있다. 그것이 섭리의 길이다. 섭리를 거부할 수도 있고, 섭리 같은 것은 있을 수 없다는 생각도 할 수 있다. 그러나 인류가 소유하는 종교적 경전인 구약과 신약은 사실 역사적인 기록이다. 그런데 그 모든 기록은 섭리에 대한 인간적 해석이다. 섭리는 자연법칙 속에는 없다. 윤리나 도덕적 질서 안에도 없다. 섭리의 주관자는 자연과 인간을 떠난 제3의 실재이다. 구약과 신약은 그 인격적 타자他者를 신이라고 불렀고 또 유일신으로 믿고 살았다. 종교적 신앙을 가진 사람은 '나와 신', 세계 역사와 신의 관계를 떠날 수가 없었기 때문에 그 관계를 섭리라고 본 것이다. 그리고 스스로의 삶 속에서 그 섭리에 해당하는 체험을 쌓아온 것이다.

신약에서 예수를 제외한 주인공은 베드로와 바울이다. 그들은 섭리의 주인공들이다. 그들의 역사적 업적은 오늘날까지 그리스도인들의 삶에 영향을 끼치고 있다. 그리고 지금도 수많은 신앙인들이 같은 은총의 체험인 섭리 속에서 살아가고 있다. 교회에서는 그것을 성령의 역할이라고 본다.

만일 우리가 그 뜻을 받아들일 수 있고 또 체험한다면 우리는 또 하나의 삶의 질서인 은총의 질서를 수용할 수 있을 것이다.

인생의 마지막 물음에 대한 해답

내 선배 교수 한 사람의 경우를 소개하겠다.

박종홍 서울대 교수는 존경받는 학자 중 한 사람으로 기억되고 있다. 오래전 일이지만 나는 그 교수와 같이 순회강연을 다닌 일이 있었다.

대구에서 강연을 끝내고 부산으로 가는 기차 안에서였다. 박 선생이 옆에 앉아 있는 나에게 "김 교수는 아직 젊으니까 하룻밤이나 이틀쯤은 계속해서 공부해도 지장이 없지요?"라고 물었다. 나는 별로 깊이 생각지 않고 "저는 짤막짤막한 자투리 시간을 많이 이용하기는 해도 밤을 새워가면서 공부하는 무리는 하지 않습니다."라고 대답했더니, "나는 성격 때문인지 한번 일을 시작하면 시간 조절을 못하는가 봐요. 얼마 전에 논문을 하나 정리하고 싶어서 주말을 이용하기로 했지요. 토요일과 일요일을 그대로 계속하고 월요일에 조반도 제대로 못 먹었어요. 가방을 챙겨 들고 대문을 나서다가 그만 졸도를 했어요. 방으로 업혀 들어오고 의사가 다녀가면서 야단을 떨었어요. 후유증도 있었고요. 이제는 60

세가 넘으니까 몸이 말을 안 듣는 것 같아요. 그래서 밤샘하는 공부는 안 하기로 했어요."라면서 내 젊음을 부러워했다.

그렇게 학자답게 성실히 노력한 분이었다. 그 교수가 말년에 암으로 고통을 치러야 했다. 병이 깊어져갔기 때문에 해외에 나가 있던 자녀들도 다녀가고 임종을 헤아려야 할 상황이 되었다.

가족들과 제자들이 조심스럽게 신앙으로 돌아오면 좋겠다는 권고를 했다. 박 선생은 대학에서 강의할 때는 기독교와 종교를 반대하지는 않았으나 철학도는 신앙을 갖는 것이 아니라고 믿고 있었다. 죽을 때까지 진리를 탐구하는 것이 철학의 사명이기 때문이다. 성실하게 탐구하는 지성인이 되기를 바랐다.

그러다가 신앙적 권고를 받았을 때는 "너무 늦지 않았을까?"라면서 마음의 문을 열었다. 그렇게 되어서 새문안교회 강신명 목사의 도움을 받아 신앙으로 입문했다. 교회에 나갈 기회는 갖지 못했다. 병세가 심했기 때문이다.

세상을 떠난 후에는 새문안교회에서 영결예배를 갖게 되었다. 그 소식이 언론을 통해 알려지면서 제자들 모두가 경이로운 마음으로 받아들였다. 그분이 신앙인이 되었다는 사실이 믿기지 않았기 때문이다.

새문안교회는 교인들보다는 사회인으로 초만원이 되었다. 들어설 자리가 없을 정도였다. 대부분이 박 교수의 친지들과 제자였다. 교회 밖의 사람이 더 많을 정도였다.

그날 아침이었다. 내가 대학 연구실에 있는데 옆방을 사용하던 배종호 교수가 들어왔다.

"김 선생, 아침신문을 보셨어요? 박종홍 교수 장례식이 새문안 교회에서 있다는 소식이데요. 그분이 언제 크리스천이 되었어요?"라고 물었다. 내가 아는 대로 얘기해주었더니 "아아, 그렇게 되었구나. 처음 듣는 얘긴데요. 하기야 그렇지, 갈 곳이 없었으니까……."라면서 돌아서 나갔다.

한 제자는 박 교수의 생애를 성성성誠成聖 세 자로 평했다. 지성스럽게 살다가 신앙적인 거룩함을 찾아간 일생이라고…….

그 장례식의 실질적 책임을 맡았던 제자 김태길 교수도 그 당시에는 신앙을 모색하고 있었다. 긴 세월이 지난 뒤 김 교수도 그리스도인으로 임종을 맞이했다. 종교적 신앙은 인생의 마지막 물음에 대한 해답이기도 했던 것이다.

흑과 백 사이의
수많은 회색

쓸데없는 생각을 해본다. 지금까지 살아오는 동안에 가장 어른다운 대접을 받은 때가 언제쯤일까. 70세를 넘기면서부터 몇 해 동안이었던 것 같다. 80이 지나고 나니까, 어른보다는 늙은이 대접을 받았던 것 같다. 강연을 위해 지방에 가면 제일 많은 질문을 받는 시기가 그때쯤이다. 아마 그 나이가 되면 젊은 교수들보다 좀 더 성숙해졌을 것이라는 기대감이 생겼는지 모른다.

한번은 이런 질문을 받았다. "대학생 때 한국학을 전공하는 교수님이 있었습니다. 그분은 모든 면에서 우리 민족이 최고라는 것입니다. 그 정도가 지나쳤기 때문에 한 학생이, '그렇게 훌륭한 선조들이 많았는데 왜 나라는 주권을 빼앗기고 일본의 식민지로까지 전락했습니까?'라고 물어 웃었던 일이 있었습니다. 선생님은 우리 민족성 가운데 가장 시급하게 고쳐야 할 단점이 무엇이라고 생각하십니까?"

나는 망설이지 않고 "여러 가지가 있겠지만 시급한 것은 절대주의적 사고방식을 뒷받침하는 흑백논리일 것이다."라고 대답했다.

학자들은 조선왕조 500년의 정신적 지주가 되어온 것은 유학인데, 유학 중에서도 주자학 같은 형식논리를 추구하는 동안에 흑백논리가 민족적 전통을 만들었다고 말한다. 그랬을 것이다. 그러나 중요한 것은 그 흑백논리의 단점이 무엇이며 세계정신사 속에서 어떤 위상을 차지하는가를 살피는 것이 더 시급하다. 환자에게는 병부터 먼저 치유하는 것이 주어진 과제이기 때문이다.

이론으로만 가능한 색깔

한 가지 예를 들어보자.

물리학자들은 색채팔면체를 얘기하면서 흑과 백의 위치를 다음과 같이 설명한다.

"색에는 네 가지 원색이 있다. 빨강, 노랑, 파랑, 초록이다. 그 네 원색이 밝은 방향으로 삼각형의 한 방향과 같이 올라가면 끝의 정점에 해당하는 것이 흰색이다. 그와 반대로 네 원색이 어두운 방향으로 내려와 모든 색이 다 사라진 정점에 이르면 흑색이 된다."

이때의 백과 흑은 이론적으로는 가능하나 실제로 존재하지는 않는다. 모든 색이 다 채워진 원점도 없고 다 사라진 끝점도 존재하지 않는다. 이론적으로 가정이 가능할 뿐이다.

그러면 흑과 백을 연결 짓는 중간색이 있는데 그것은 회색일 뿐이다. 밝은 회색이 백에 가깝고 어두운 회색이 흑에 가까울 뿐이다. 마찬가지로 우리들의 삶의 현실 속에는 백과 흑은 존재하지 못한다. 오로지 밝거나 짙은 회색이 있을 뿐이다.

그런데 우리 선조들이 가장 나쁘게 평가하는 것이 회색분자이다. 그것은 원리적으로는 악이 되고 논리적으로는 거짓이 된다. 그렇다고 회색을 모두 배제한다면 어떻게 되는가. 삶의 현실은 내팽개쳐지게 된다. 그러니까 흑백논리를 갖고 싸우는 동안에 인간과 사회는 버림받거나 병들게 되는 것이다.

개인이나 지도자를 평가할 때도 그렇다. 비교적 선한 사람과 정도에 따라 악한 사람이 있을 뿐이다. 한 점의 흠도 없는 사람이나 지도자는 없다. 개선할 여지가 전무한 악한 사람도 없는 것이 현실이다. 그럼에도 불구하고 부분적인 단점을 발견하고는 더 많은 장점이 있는 사람을 배척한다. 나와 주장이 같은 한두 가지 장점을 가진 지도자는 잘못이 없는 사람으로 평가하기도 한다. 문제는 장단점 중 어느 편이 더 많은가를 따져 선한 면을 받아들이면 되는 것이다.

그렇다면 세계의 모든 민족과 사회가 그러한가. 그렇지 않다. 앵글로색슨 사회에 비하면 독일 민족이 흑백논리에 가깝고 독일적 사고, 즉 대륙적 사고방식 중에서도 마르크스주의자들의 사고방식은 절대 유일이면서 흑백론이다.

학자들은 마르크스의 역사관이 결정론인가 아닌가를 문제 삼는다. 일본의 마르크스주의 학자들의 주장은 결정론이라고 평한 일이 있었다. 그렇다면 그것은 대단히 위험한 사고방식이다. 마르크스주의가 1세기 동안에 탄생되어 절정을 이루었다가 세계 무대에서 사라지게 된 이유가 거기에 있다. 독일의 히틀러가 그러했다. 불행하게도 북한이 아직 그 사고방식과 가치관을 극복하지 못하고 있다. 우리 주변의 일부 정치적 가치관도 그렇다.

종교의 폐쇄성에 갇힌다면

더 우려스러운 면도 있다. 대한민국은 북한에 비하면 종교 국가이다. 세계의 여러 기독교 국가들이 한국 교회의 부흥상을 부러워할 정도로 기독교 국가이기도 하다. 그런데 기독교 신앙은 창조적인 면이 있는 반면, 보수적으로 응고되는 교리적 폐쇄성이 있다.

진정한 의미의 기독교는 창조성에 있다. 예수가 그런 면의 선구자였다. 구약적 교리주의와 민족종교의 울타리를 넘어선 인간애와 인류의 종교로 열린 사회를 지향하는 진리와 생명의 종교였다. 그럼에도 불구하고 일부의 교리적 근본주의를 고수하는 교리주의자들은 폐쇄적인 배타주의를 극복하지 못하고 있다. 그런 사고방식이 굳어지거나 보편화되면 또 하나의 흑백논리로 굳어질 가능성이 있다. 절대주의 신앙에 빠지는 길이 항상 열려 있기 때문이다.

만일 우리나라의 종교가 이슬람과 같은 교리주의에 빠지거나 구약적 율법주의에 몰입되어 유대교적 사회관을 갖는다면 어떻게 되겠는가. 이웃을 살해하면서 알라신은 위대하다고 외치는 종교는 정치적 절대주의 못지않게 경계해야 한다. 사상가들이 공산주의는 100년을 지속하지 못했으나 종교적 갈등은 앞으로도 수세기는 계속될 것이라고 보는 이유가 거기에 있다.

우리 민족이 남과 북으로 나뉘어 이러한 절대주의와 흑백논리적 사고를 안고 있다면 가장 시급하게 치유해야 할 민족적 병폐가 아닐 수 없다.

그렇다고 해서 그 해결과 극복이 어려운 것이라고는 생각지 않는다. 앞에서 우리는 앵글로색슨들의 가치관을 얘기했다. 영국과 미국에서는 프랑스나 독일의 합리주의보다 경험주의 가치관을 개발했다. 합리주의가 논리적 가치를 추구한 데 비해 경험주의는 실리적 가치를 존중히 여겼고, 합리주의자들이 이상에 현실을 맞추어간 데 비해 경험주의자들은 현실에서 이념을 거쳐 더 높은 현실을 추구했다. 이에 비하면 마르크스주의자들에게 현실은 하나의 이념을 위한 수단과 방법일 뿐이다.

어떤 이들은 경험주의는 발이 커지는 데 따라 신발을 바꾸어 신으면 된다고 보는 데 비해 마르크스주의자들은 구두에 발을 맞추어가는 우를 범한다고 말한다. 발을 잘라서라도 신발에 맞추면 된다는 식이다. 경험주의자들은 그 표준을 공리주의에 두었다. 어떻게 하면 가장 많은 사람들이 가장 큰 행복을 누릴 수 있는가를 모색, 추구해가면 된다고 본 것이다. 그 사고가 정치에 있어서는 의회민주주의를 창출했고 경제에 있어서는 복지사회주의를 정착시킨 것이다. 미국은 다시 그 뒤를 계승해 그 방법이 무엇인가를 모색했다. 그 결과로 탄생된 것이 실용주의 철학과 가치관이다. 어떤 독일의 철학자는 그것을 "열매 많은 것이 사회적 진리"라고 평했다.

솔직히 말하면 그 경험, 공리, 실용의 가치를 추구한 사회가 정치, 경세의 열매를 기두고 있다. 극성스럽게 반미운동을 전개했던 중국도 그 뒤를 따르고 있으며 유럽의 국가들도 그 가치를 인정하고 있다. 일본, 캐나다, 호주까지도 같은 과정을 따르고 있다.

그러나 우리가 더 소중히 여겨야 할 정신적 과제가 있다. 그것은 이러한 사회과학적 가치의 기준이 되는 휴머니즘과 인간애의 가치이다. 궁극적으로는 열려 있는 사회를 위한 이상이다. 이 모든 노력의 목표는 더 많은 사람이 인간답게 살 수 있는 열린 역사의 길을 개척하는 데 있다.

위험한 흑백논리

그렇다면 흑백논리와 절대주의적 사고방식을 불식하는 방법은 무엇인가.

쉽게 받아들일 방법이 있다. 다른 사회에서 갈등과 대립이 발생했을 때 어떤 방법으로 해소했는가를 찾아보면 해답이 나올 것이다. 경험주의 사고방식을 전통으로 받아들이고 있는 사회에서는 무슨 문제가 발생하면 대화를 통해 해결 방법을 찾는다. 합리주의 사고방식을 소중히 여기는 사회에서는 토론을 통해 해결 방법을 찾는다. 사회 문제가 안고 있는 여러 가지 요소와 여건들에 관해 참과 거짓을 가리며 선과 악의 가치를 선별하기 위해 토론을 한다. 그 결과로 합리적이고 객관적인 방법이 찾아지면 토론에서 패한 측이 양보를 한다. 대화에 비하면 좀 더 강한 방법일지 모른다. 그러나 절대주의를 선택하는 마르크스주의 사회에서는 투쟁해서 승리하는 측이 힘을 소유하게 된다. 마르크스주의자들은 스스로의 변증법을 모순논리라고 본다. 모순논리의 특징은 중간을 허용하지 않는다. 흑백논리가 그러했듯이 중간 존재가 배제된다. 의사가 환자를 치료할 때는 약으로 치료하는 처음 단계가 있고, 주사를 쓰는 다음 단계가 있다. 그리고 마지막 단계는 수술이다. 그것이 바로 대화, 토론, 투쟁의 순서에 해당한다. 이 수술의 단계는 역사적으로는 혁명의 단계인 것이다.

내 가까운 친구였던 역사학자 한우근 서울대 교수는 젊어서 도쿄대학에 있을 때 마르크스의 책을 읽었는데, 혁명에서 혁명을 거듭하는 공산주의 사회는 건전할 수 없을 것이라는 생각을 했다는 것이다. 그것은 마치 의사가 환자를 계속 수술하는 것과 같기 때문이다. 그래서 그 당시에는 "20대에 마르크스를 모르면 바보가 되지만, 30대가 넘어서까지 마르크스에 매달리는 사람은 더 바보"라는 얘기들을 했다는 것이다.

요사이 우리 주변에서는 소통이 단절된 사회라는 말을 자주 하곤 한다. 소통이 안 된다는 것은 대화가 단절되어 있다는 뜻이다. 상대방과 내 생각이 같으면 대화보다는 행동이 필요하다. 그러나 생각이 다를 때는 상대방의 얘기를 들어야 한다. 그러고는 내 생각을 말한다. 그 내용이 다를 때는 어느 주장이 더 많은 사람과 미래에 도움이 되겠는가를 찾아야 한다. 그래서 버릴 것은 버리고 시정할 것을 고친 다음에 나와 네가 아닌 우리 모두에게 도움이 되는 것을 찾으면 된다. 그런 노력을 계속하다 보면 모두를 위한 객관적 이익을 도모하게 된다. 개인 간의 문제만 그런 것이 아니다. 사회 문제 해결을 위해서도 그 이상의 건설적인 방법이 없는 것이다.

이런 실용주의적 사고가 이루어지기 위해서는 교육의 방법부터 바뀌어야 한다. 대화를 존중히 여기는 교육 방법이 그래서 태어난 것이다. 그러한 교육과 훈련이 쌓이게 되면 모든 사회적 갈

등이 건설적 방향으로 해결되며 자연히 절대주의적 사고나 흑백 논리는 약화되거나 사라지게 된다.

그러나 우리 모두가 인정할 수 있는 가치의 객관성과 보편성은 있어야 한다. 그것이 대화의 목표와 표준이 되기 때문이다. 그것은 더 많은 사람들의 인간다운 삶을 위해 필요한 것이 무엇인가를 묻는 휴머니즘적 가치관이다. 마르크스주의자들이 실패한 것은 그런 인위적 이념에 역사적 현실을 방편화했기 때문이다. 지나친 이상주의를 경계하는 것은 인간애의 정신과 과정을 배제하게 될 가능성이 있기 때문이다. 최고, 최초의 이상주의자였던 그리스의 플라톤이 경계의 대상이 된 것도 그 때문이다. 인간애는 사랑의 무거운 짐을 담당하는 과정을 통해 이루어지는 것이다.

죽음에도
의미가 있는가

　　　　　90고개를 넘기면서부터는 나도 모르게 죽음에 대한 생각을 해보곤 한다. 가까운 가족이나 친구들의 죽음에 직간접으로 관여했기 때문이다. 죽음이 아주 가까이까지 와 대기하고 있는 것 같은 느낌을 받기도 한다.

　요사이는 웰다잉 운동이 많이 벌어지기도 한다. 행복한 죽음은 없겠으나 고통이 적은 좋은 죽음을 맞고 싶다는 욕망은 누구에게나 있다. 살아 있었을 동안에도 체험하지 못했던 고통을 치르고 세상을 떠나는 것을 보면 '전생에 무슨 죄를 지었기에…….' 하는 생각이 떠오를 정도이기도 하다.

　나는 내 동갑내기 친구의 죽음을 보면서 복 받은 죽음이라는 생각이 들었다. 노쇠해 있었다. 병원에서 치료를 받기는 했으나 죽을 만큼 아프다는 정도는 아니었다. 그날 밤에도 편히 잠들었다. 다음 날 아침 2층에서 일어난 큰아드님이 식사를 도와드리기 위해 아버지 침실로 들어와 "아버지, 일어날 시간이 되었어요."라면서 가까이 갔는데 아무 반응이 없었다. 다시 "아버지, 아침진지 드셔야지요."라고 말했으나 움직이지 않았다. 놀라서 목 아래로 손을 넣어보았다. 따뜻한 온기는 남아 있었는데 눈을 뜨지는 못했다. 이미 세상을 떠나 있었다.

아드님으로부터 그 얘기를 전해 들은 나는 '마음씨가 착한 분이니까 고통 없이 떠나셨다.'고 생각했다. 내가 겪은 다른 사람들이 몇 달씩을 고생하다가 돌아가는 것을 보았기 때문이다. 우리가 암으로 죽어가는 분들을 위로해드리는 것도 누구나 그 고통에 동참할 수 있다는 공감의식 때문일 것이다. 그런 고통은 다른 동물들보다도 인간들만이 겪는 고통인가, 하는 생각도 해본다.

죽음을 전제로 하는 삶의 가치와 의미

가장 지혜롭다고 자부하던 스토아 철학자들은, 죽음은 자연스러운 생명계의 현상이기 때문에 이성의 지혜를 빌려 자연의 섭리로 돌리라고 가르친다. 나무가 자라 꽃을 피우면서 즐기고, 열매를 익혀가면서 행복을 누리다가, 완숙기인 가을이 되면 충분히 익은 열매는 떨어져간다. 그래서 또 다른 생명체들과 인간에게 생명의 가능성을 제공한다. 인간의 일생도 그렇다. 연륜이 차면 옆에 남아 있는 다른 열매들에게 "내 때는 찼으니까 먼저 갑니다.

남은 시간을 즐기다가 오세요."라면서 떨어져가면 되는 것이다.

인간은 생명에 대한 지나친 욕심 때문에 죽음에 대한 공포와 불안을 느끼며 절망에 빠져 불행과 고통을 스스로 만들어간다. 자연의 섭리는 선하고 아름다운 것이다. 그렇다면 우리는 신체적 기능이 끝나는 죽음에 대해 좀 더 이성적이고 운명적인 해석을 내려도 좋을 것 같다.

문제는 그 죽음을 전제로 하는 삶의 가치와 의미가 무엇인가를 살피는 것이 다른 생명체들과의 차이인 것이다. 동물들은 동일한 절차를 밟아 죽음의 과정을 밟는다. 그리고 그 죽음은 의미를 남기지 않는다. 그러나 인간은 죽음을 예측할 수 있어, 지금부터 죽을 때까지의 삶에 대한 선택과 결단의 책임을 지게 된다. 중병으로 사경을 헤매다가 회복된 사람이 인생의 자원 높은 새 출발을 하는 것과 비슷하다고 할 것이다.

그러면 나 자신에게 물어보기로 하자. 조만간 죽음에 직면하게 될 테니까, 앞으로 남은 시간의 빈 그릇에 어떤 삶의 내용을 채워가겠는가? 라고.

가장 행복한 사람은 지금 내가 하고 있는 일이 소중하기 때문에 그 일에 최선을 다하다가 유종의 미를 거두고 싶다고 말할 것이다. 값있는 인생을 살아온 많은 사람들이 그 길을 택할 것이다. 다른 점이 있다면 죽음을 예상하기 이전보다 죽음을 맞게 될 것을 알았기 때문에 더욱 최선을 다하겠다는 각오를 다짐하게 될 것이다.

내 제자 중의 한 사람은 널리 알려진 작가였다. 광화문의 교보문고에 나갔다가 자기 친구를 만났다. 그 친구가 내 얘기를 했더니, "김 교수님이 아직 건강하시냐?"고 물으면서 자기 최근 작품을 구해 인사를 겸한 사인을 해서 나에게 보내준 일이 있었다. 나도 그 제자의 소설을 읽었다. 그리고 얼마 후에 신문을 보았더니 암 투병 중에 집필을 진행하고 있는데 끝내고 세상을 떠났으면 좋겠다는 소원을 말하고 있었다. 그 후에 그는 작품을 끝낸 것을 고맙게 생각하면서 세상을 떠났다.

고맙게 일생을 마무리한 작가였다.

그런 과거를 이어오지 못한 사람이 있다면 더 지체하지 말고 한 가지 공부를 시작했으면 좋겠다고 생각한다. 지난날들을 보내면서 하지 못했던 일들도 좋고, 취미와 소질이 있다고 생각되는 새로운 분야를 개척해도 좋을 것이다. 사람은 누구나 한 가지씩은 타고난 장점이 있다. 많은 사람들이 실리성에 붙잡혀 그 취미와 개성을 묻어두고 마는 때가 있다. 즐겁게 할 수 있는 일 한 가지만이라도 계속해 살려간다면, 늦게 시작한 일이 지금까지 해온 일들보다 더 큰 행복과 성과를 가져다줄 수 있다. 어떤 정치가는 정치계에서는 성공했다고 인정받지 않으나 늦게 시작한 서예가로서는 높은 평가를 받고 있다. 한양대학의 김연준 총장 같은 이는 교육자로서의 업적보다 작곡과 음악인으로서의 위치가 더 오래 남을지 모른다.

한 번도 공부나 취미생활을 하는 행복을 누려보지 못한 사람은 더 늦기 전에 도전해 새로운 인생의 의미를 찾아 지니면 어떨까 싶다.

나를 키워준 사회에 작은 도움이라도

또 하나의 필수적인 과제가 있다.

인간은 누구나 작고 큰 사회에서 태어나 살다가 사회를 떠나게 되어 있다. 그렇다면 나를 키워준 사회에 해악을 남기지 말고 작더라도 선한 도움을 주어야 하지 않겠는가. 항상 모든 잘못은 지도자나 다른 사람에게만 있고 나에게는 책임이 없는 듯이 살아온 것이 우리 사회의 폐습이다. 우리도 그렇게 살았다. 그 결과로 남겨진 것이 오늘 우리의 서글픈 현실이다.

우리들처럼 나이도 들고 사회의 한 모퉁이에서 책임을 감당해 온 사람들이 더 늦기 전에 보다 좋은 사회를 위해 무엇인가 한 가지씩이라도 책임을 지는 것이 당연한 의무라고 본다. 큰일을 하자는 것은 아니다. 해야 할 일을 하자는 뜻이다.

나는 비교적 자주 지방에 가 이야기를 하는 편이다. 그때마다 그곳의 어른들로부터 듣는 얘기가 있다. 지금의 젊은이들은 버릇이 없고 예절을 모른다는 불평이다. 나도 그런 경우가 있다. 버스를 많이 타는 셈이다. 타고 보면 젊은이들이 경로석에 앉아 자리를 양보해주지 않는다. 젊은 아가씨들은 그것이 미안하니까 스마트폰을 꺼내 들고는 문자메시지를 주고받는다. 나는 속으로는 불쾌하지만 서서 참는다. 그러면서 생각해본다. 저 젊은이들의 잘못인가, 아니면 우리가 모범을 보여주지 못했는가. 만일 우리가 모범을 보여주었고 저 젊은이들의 부모가 잘 가르치면서 모범을 보여주었다면 더 좋은 대중교통의 질서가 정착되지 않았을까, 하고 우리들 과거의 잘못과 사회적 책임을 반성해본다.

한때 천주교의 지도자들이 '내 탓이오'라는 구호를 보편화한 일이 있다. 모든 지도자들과 어른들이 '네 탓이다'는 생각을 버리고 '내 잘못이다'는 생각을 갖고 30년이나 50년을 살았다면 지금 우리 사회는 얼마나 좋아졌을까 하는 생각이 들기도 한다.

그래서 요사이는 작은 질서 운동과 습관의 개선이라도 하자는 마음을 갖고 지낸다. 택시를 탈 때도 나보다 먼저 기다리던 젊은이가 있으면 으레 웃으면서 양보한다. 그것이 선한 질서의 첫걸음이기도 하다. 버스를 타고 내릴 때는 기사에게 인사말을 한다. "고맙습니다."라든지 어떤 때는 "수고하십니다."라는 인사다.

그렇게 인사를 나누는 것이 습관이 되면 전연 어색하지도 않고 부담이 되지도 않는다. 나는 그러는 동안에 그분들이 맡은 직업의 소중함을 깨달아주길 바란다. 자기 직업이 천박하지만 할 수 없이 이 일을 하고 있다고 여기는 것만큼 불행한 일은 없다. 나는 택시를 탈 때 팁을 주는 습관도 없고 또 그 제도를 좋아하지는 않는다. 그러나 내가 사는 집이 언덕 위 높은 곳이기 때문에 내릴 때에는 택시가 돌아가기 편한 골목까지 안내해주고 적은 돈을 팁으로 준다. 빈 차로 큰길까지 가기 때문이다. 나는 얼마 안 되는 돈이지만 받는 기사는 큰 고마움을 느끼는 것을 자주 보기 때문에 흐뭇해지곤 한다. 그 기사도 생활전선에서 우리보다 더 어려움을 참아가면서 고생하고 있다. 마음의 위로와 사랑을 나누어줄 수 있다면 얼마나 좋은가.

기쁨은 나누어 가지면 배로 늘고 고통은 나누어 가지면 반으로 준다는 격언은 언제 어디서나 변함이 없는 진리이다.

이렇게 대단치 않은 얘기를 꺼내는 것은 그런 마음씨가 없이는 행복한 사회질서가 회복될 가능성이 없겠기 때문이다.

사형수 이 중사의 이야기

오래전에 있었던 이야기 하나를 소개하겠다.

경상북도 안동 지역에 한 고아원이 있었다. 원생들은 만 18세가 되면 원을 떠나게 되어 있다. 이 모 군이 18세로 고아원을 떠나게 되었다. 갈 곳이 없는 이 군은 우선 군에 입대하기로 했다. 갈 곳과 직장은 그다음의 문제로 미루었던 것이다.

군에 머물면서 차라리 직업군인이 되면 어떨까 싶어 세월을 보내는 동안에 중사까지 진급이 되었다. 그러나 자신의 저주스러운 운명과 희망이 보이지 않는 울적함은 쌓여만 갔다. 휴가 때가 된다. 갈 곳이 없어 고아원으로 가면 반겨주기는 하나 사랑이 있는 곳은 아니었다. 군에서 사귄 친구들도 때가 되면 모두 자기 부모 형제가 있는 가정으로 가버린다. 자기의 처지를 아는 여자가 있어 사랑과 결혼을 할 길이 있는 것도 아니다. 사회에 대한 원망스러운 반항심은 쌓여갔다.

어느 날 이 중사는 신병들에게 실탄사격 훈련을 시키다가 수류탄 두 개를 훔쳐 군복에 넣었다. 소총은 부피가 크기 때문에 소지하고 탈영할 수가 없었던 것이다. 안동 시내로 들어가 막걸리를 마시고 취해 이곳저곳을 기웃거리는 동안에 늦은 오후가 되었다.

그때 문화극장에서 영화 관람을 끝낸 사람들이 밀려 나오는 것을 본 이 중사는 자신도 모르게 '너희들은 모두 즐겁게 살고 나만 버림받으라는 법이 어디 있느냐?'며 홧김에 수류탄 꼭지를 빼서 군중 속에 던졌다. 여러 사람이 다치고 사망자가 발생했다. 그 당시에는 사회적으로 큰 사건이 되었다. 이 중사는 체포 구속되고 군의 상위층 책임자들까지 군복을 벗어야 하는 결과로 번졌다.

이 중사는 남한산성 밑에 있는 육군교도소로 이송되었다. 군사재판에서는 사형이 언도되었다. 이 중사는 삶의 모든 희망을 포기했다. 홀로 살아남아 인생을 이어가는 것보다는 차라리 잘되었다고 단념해버렸다.

교도소에서 이 중사를 맞이해주는 사람은 단 한 사람뿐이다.

담당 군목이었다. 군목은 이 중사와의 면접을 요청했고 군목으로서의 책임을 다하고 싶었다. 그러나 이 중사는 모든 것을 거부했다. 혼자 조용히 있다가 죽기를 원했다. 죽음을 스스로 감수하기로 했다.

군목은 이 중사를 위해 기도도 하고 신앙으로 이끌 수 있도록 노력을 계속했다. 그때 군목은 한 가지 사실을 깨달았다.

'무엇이 이 중사를 저렇게 만들었는가. 사랑의 단절이다. 이 중사도 누군가의 사랑을 받았다면 또 사랑하는 사람이 있었다면 저런 큰 잘못을 저지르지는 않았을 것이다. 이 중사에게는 사랑이 없었다. 그러면 이 중사를 사랑해주지 못한 죄는 누구의 책임인가. 우리 모두의 책임이다. 또 내 책임이기도 하다. 그렇다면 이 중사가 사형을 받는 것도 우리 모두의 죗값을 대신하는 것이다. 책임은 이 중사를 사랑하지 못한 우리 모두에게 있다.'

군목은 어렵게 이 중사와의 면담을 가졌다. 그리고 이 중사의 손을 붙들고 용서를 빌었다. 지금 너를 이렇게 만든 것은 우리 모두의 잘못이니까 네가 우리의 잘못을 용서해주어야겠다, 고 눈물을 흘렸다. 이 중사도 함께 울었다. 저도 사랑을 받았든지, 또 누군가를 진심으로 사랑했다면 이런 죄인은 되지 않았을 것입니다, 라며 울음을 참지 못했다.

두 사람은 한참을 울었다. 서로의 잘못을 뉘우치고 있었다. 그 일을 계기로 이 중사는 비로소 마음의 문을 열었다. 군목은 이 중사에게 "과거에도 너를 사랑했고 지금도 너를 사랑하며 앞으로도 네 영혼을 사랑해줄 분에게로 가자."고 말했다. 이 중사는 그분이 누구냐고 물었다. 군목은 하나님 아버지라고 가르쳤다. 이 중사는 "목사님, 저를 그분에게로 인도해주세요. 저는 갈 곳이 없지 않습니까?"라고 말했다.

그다음부터 이 중사는 기도를 함께 드렸고 성경을 읽었다. 하나님 아버지께서도 자기를 용서해주실 것임을 믿었다. 하루는 이 중사가 목사님에게 물었다. 자기가 죽을 때 신체의 여러 부분들을 기증하면 다른 사람들의 목숨을 살릴 수 있다는 얘기를 들었는데, 허락이 된다면 내 몸 전체라도 누군가에게 주고 싶다고 했다. 자기도 한 번만이라도 누군가를 사랑해보고 싶다는 애원이었다.

목사는 앞뒤 사정을 알아보고 이 중사에게 알려주었다. 이 중사는 총살로 되어 있기 때문에 다른 장기는 사용할 수가 없고 눈은 원하는 환자에게 이양해줄 수 있다고 말했다. 이 중사는 꼭 그렇게 해달라고 부탁했다.

며칠 뒤 사형 집행이 진행되는 이른 아침이었다. 앰뷸런스가 형장에 도착하고 이 중사가 열린 문으로 내려섰다. 목사님 곁으로 다가가 안과 군의관님이 오셨느냐고 물었다. 군의관이 앞으로 나와 이 중사의 손을 잡았다. 이 중사는 군의관의 두 손을 붙잡고 "군의관님, 저는 마음의 눈을 뜨지 못하고 살았기 때문에 큰 죄를 지었습니다. 제 눈을 받는 사람은 육신의 눈도 뜨고 마음의 눈도 떠서 제가 못하고 가는 사랑을 대신 여러 사람에게 베풀어달라고 부탁해주세요."라는 유언을 남겼다.

목사가 시간이 다 되었는데 남기고 싶은 유언이 없느냐고 물었다. 이 중사는 "없습니다. 제가 목사님과 부르던 찬송의 3절에서 마지막 절로 넘어갈 때 죽었으면 좋겠습니다."라고 말했다. 그 절차대로 이 중사는 세상을 떠났다.

나는 우연한 기회에 그 안과 군의관을 만났다. 이 중사 얘기를 하면서 "아주 착한 젊은이였습니다. 우리 모두의 무관심 때문에 그런 실수를 했다는 생각이 들었습니다."라고 말했다.

여러 해가 지난 뒤였다. 나는 캐나다에 갔다가 우연히 그 당시의 군목을 만났다. 나와 이야기를 나누다가 "제가 이 중사를 하나님께 보내주었습니다."라고 말했다.

우리는 아직도 내 인생이 오래 남아 있다고 생각한다. 그래서 삶의 가장 중요한 것이 무엇인지 묻지 않는다. 이 중사는 죽음의 문 앞에 섰을 때 그것을 깨달았다. 사랑이 구원의 길이라는 것을.

아직 좀 더 많은 사람을 사랑할 수 있다는 것이 인생 최고의 희망이었던 것이다.

마지막 선택권은
누구에게나 있다

지금은 자세히 기억하지 못하나 한때는 많이 소개되었던 한 젊은이의 이야기가 있다.

캐나다 브리티시컬럼비아 주에는 버너비라는 도시가 있다. 아름다운 항구도시 밴쿠버의 동쪽에 자리 잡고 있는데, 그곳에는 캐나다 명문 대학 중 하나가 있다. 바로 사이먼프레이저대학이다.

그 대학에 테리 폭스Tery Fox라는 학생이 있었다. 캐나다에서는 학업 성적이 우수한 학생들이 운동선수를 겸하는 것이 보통이다. 대개의 운동선수는 우등생으로 보아도 좋을 것이다. 테리 폭스는 농구선수로 활약하기도 한 촉망받는 젊은이였다.

그가 18세 되는 1977년 3월, 심한 무릎의 통증을 느껴 진단을 받은 결과 치유되기 어려운 암 질환임을 발견했다. 수술을 받아도 완치된다는 보장은 없었다. 그 젊은이가 수술을 받기 위해 준비를 갖추고 잠들었던 밤에 꿈을 꾸었다. 자기가 북아메리카 대류의 동쪽 대서양 바닷가로부터 태평양 쪽의 고향 밴쿠버까지 달리기를 하는 꿈이었다. 폭스는 그 꿈을 깨면서 암 치료를 받고 나면 대륙 횡단의 마라톤을 해야겠다고 결심했다. 그것을 살아 있는 시간에 할 수 있는 사명으로 받아들이고 목표를 세웠다.

'캐나다를 동서로 횡단하자. 기금 100만 달러를 모아 청소년 암 치료 연구에 기부하리라.'

한 발로 대륙 횡단 마라톤

18개월 동안 암 치료를 받은 폭스는 1979년 2월부터 뼈를 깎는 마라톤 연습을 시작했다. 1년여에 걸친 연습을 끝낸 폭스는 형의 도움을 받아 대륙을 지나 대서양까지 비행기를 타고 갔다. 거기서는 작은 트럭을 준비하고, 한쪽 다리는 수술로 절단을 했기 때문에 목발을 여러 개 준비해 갖고 떠났다. 형은 운전을 하고 동생은 대륙 횡단의 마라톤을 시작한 것이다. 밤에는 자고 아침부터 저녁까지 휴식시간을 제외하고는 달리는 것이다.

처음에는 아무도 그 사실을 몰랐다. 알리고 시작한 일이 아니었다. 그러다 지나가던 사람들이 사연을 물으면 암 투병으로 오래 살지는 못하겠으나 계시가 있어 마라톤을 한다고 말했다. 그것도 몇만 리 길이 되는 대륙 횡단의 장거리를.

그 작은 모험이 조금씩 알려지기 시작했다. 몬트리올까지 갔을 때는 언론들의 관심을 모았고 그 젊은이의 용기를 극찬하기 시작했다. 모두가 성공을 빌었다. 그다음부터 그가 달리는 길가에는 완주와 건강을 기원하는 군중이 모이기 시작했다. 매스컴은 하루하루의 주행 기록을 보도해주었다.

그가 오타와에 도착했을 때는 많은 군중이 모여 환영했고 때마침 벌어지는 야구 시합의 시구자로 위촉하기도 했다. 그다음부터는 주력의 피로가 심해져 3마일씩을 달리고는 휴식을 취하고 밤에 잠을 자는 일과를 택했다. 고통은 점점 더 심해졌으나 그는 달리고 또 달렸다.

캐나다 제1의 도시인 토론토까지 왔을 때는 달린 거리가 3300마일이 되었다.

더 달릴 수가 없게 된 폭스는, 형에게 병원으로 데려가 달라고 부탁했다. 비행기로 밴쿠버까지 돌아온 폭스는 1981년 6월 29일 밴쿠버 병원에서 세상을 떠났다. 22세의 젊은 나이였다. 그렇게 해서 발병 후 4년여의 인생을 끝냈다.

토론토를 떠난 후에는 캐나다의 전 시민이 그의 용기와 투병의 승리를 빌었다. 그가 달리고 있는 동안에 여러 시민들이 암 환자를 위해 기부한 모금액이 2200만 달러나 되었다. 그 기부금은 청소년 암 환자들을 위한 기금으로 쓰였다.

캐나다의 전 시민이 TV를 통해 폭스의 소식을 전해 듣고 감명을 받았다. 암 치료를 위한 기금은 추가되었다. 그 사실은 16개국에 소개되었다.

캐나다의 트뤼도^{지금 총리의 부친} 총리는 그의 죽음을 애도해 반 국기를 게양케 했다. 기념우표를 발행하기도 했다. 미국의 레이건 대통령은 우리 시대의 가장 용기 있는 젊은이라고 극찬해주었다.

내게 시한부 인생이 주어진다면

그 사실을 알게 된 사람들은, 누구나 어떤 문제를 자신에게 던져보았을 것이다. 나도 그러했다.

'나에게 시한부 인생이 주어진다면 그 남은 시간에 무엇을 할 수 있을까.'

젊었을 때는 삶의 시간적 단위가 긴 편이다. 20년, 30년의 계획을 세워보기도 한다. 그러다가 50고개를 넘기게 되면 10여 년씩의 설계를 해본다.

다시 세월이 흘러 70대가 되면, 10년의 계획도 가능할까 싶어진다. 78세가 남자들의 평균수명이라고 전해진다. 나와 같이 90의 언덕 위에 서게 되면 삶의 계획이 2년이나 3년으로 짧아진다. 지나간 과거는 점점 길어졌으나 다가올 미래는 예측할 수가 없다. 나도 출판사와 약속을 하고는 맡은 책임을 다할 수 있을까, 하고 자문하는 때가 있다.

철학계 후배들의 청을 받아 『철학과 현실』 계간지의 연재를 청탁받은 일이 있다. 1년에 네 차례 200자 원고지 100장씩 연속 발표하는 내용이다. 그것이 한 권의 책으로 완성되려면 1000장은 넘어야 한다. 순조롭게 진행되어도 2년 반의 세월이 필요하다. 나도 모르게 그 일이 가능할까를 묻게 된다. 그때는 우리 나이로 계산해 99세가 된다.

고민한 나머지 '원고지 1000장쯤은 미리 써놓기로 하자. 그리고 마지막 부분은 그때에 가서 완성해야겠다. 내 학문과 사상적 기록이기 때문이다.' 그렇게 생각은 하면서도 나에게 주어진 시간의 한계는 생각지 않을 수가 없다.

나만 그런 것은 아니다. 내 제자 한 사람은 80대 초반에 췌장암을 발견했다. 의사는 수술이 잘될 거라고 말했지만 누구도 생^{生}과 사^{死}의 시기는 모르는 법이다. 죽음의 여신이 언제 어디서 나타날지는 누구도 모른다.

내 제자는 치료를 받을 것인가, 주어진 일을 하다가 갈 것인가를 고민했다. 그래서 택한 것이 주어진 일이었다. 일을 할 수 있을 때까지 일을 하자는 것이다. 내 집에도 찾아온 일이 있었다. 이전과 다름없이 웃는 표정으로 인사를 나누고 떠났다. 나는 빈손으로 떠나보내는 것이 허전해 보여 최근의 저서 한 권을 주었다. '옛날의 제자 ○○○ 군에게'라고 써주었다. 18세 때 내 제자가 되어 60년이나 되었다는 생각이 들었다. 제자는 전과 같이 웃으면서 떠났으나 나는 '저 친구가 내 책을 끝까지 읽지는 못할 것 같다.'

는 생각을 했다. 그리고 3개월이 지났다. 조간신문에 그가 세상을 떠났다는 기사가 실려 있었다.

묻지 않을 수 없고, 물어야 할 질문

어떤 철학자는 "죽음이 내 삶 속에 둥지를 틀고 있을 뿐 아니라 손님이 나를 찾아 마중 나오듯이 다가오고 있다."고 했다. 그리고 "그 시간의 공간은 빠르게 축소되고 있다. 그 죽음의 시간이 찾아오기 전에 내가 해야 할 일이 무엇인가를 물어야 하는 것이 인생"이라고 말한다.

나도 그런 생각을 해보고 있다. 앞으로 2년 정도의 일은 책임 맡고 있으나 그러고도 여백이 주어진다면 무엇을 할 것인가.

묻지 않을 수 없고 물어야 한다. 그래서 두 가지 과제를 예상하고 있다. 나의 100세 인생에서 꼭 남기고 싶었던 나름대로의 마음과 정신적 유산을 고백하자는 뜻이다. 강연을 통해서 가능하다면 더욱 좋고, 그게 안 되면 이야기로라도 남기고 싶다. 그러고도 정신적 여유가 허락된다면 간간이 떠오르는 삶의 단상들을 묶어 작은 한 권의 책으로라도 남겼으면 좋겠다. 지금까지는 그런 여유를 갖지 못했던 때문이다.

그런 일들이 어느 정도의 객관적 가치를 갖고 있는지 나도 모른다. 그러나 내가 하고 싶고 할 수 있는 일은 그 이상이 없기 때문이다.

　나와 친분이 있던 두 사람이 있다. 나보다 두세 살 연하이다. 그
가운데 한 사람은 사회적 공헌도 컸으나 지금은 치매로 아무 일
도 못하고 있다. 신체적으로는 건전한 셈이지만 정신적 기능을
상실한 지 몇 해가 지났다. 다른 한 분도 사회를 위해 많은 일을
했다. 정신적 기능은 크게 변화가 없다. 기억력도 그대로이고 사
고력도 크게 약화되지 않은 셈이다. 그런데 신체적 건강이 먼저
쇠퇴하기 시작했다. 지금은 하루의 대부분을 침상과 휠체어에 의
존하고 있다.

　나에게도 그런 때가 곧 찾아올 것을 알고 있다. 그러니까 그때
가 오기 전까지 시간의 빈 공간을 무엇으로 채우는가를 묻지 않
을 수가 없다.

　이렇게 누구에게나 찾아오게 되어 있는 인생의 마라톤 경기의
마지막 부분을 어떻게 완주할 것인가를 함께 물어보자는 것이다.
과거의 연장일 수도 있고 새로운 것을 위한 출발일 수도 있다. 그
러나 가장 소중한 선택과 결단인 것은 사실이다. 가수가 부를 수
있는 마지막 노래 같을 수도 있다. 성직자들이 남겨주고 싶은 마
지막 설교와 같을 수도 있다. 그 메아리는 누구도 모른다. 그러나
할 수 있는 최선의 것을 남기고 싶은 것이다.

　나 같은 사람은 뒤늦게 지금 그런 물음에 직면하고 있다. 그러나
많은 선각자들은 50이나 60대 이후부터 그런 실존적 결정을 내릴

수 있었기에 역사 건설의 주춧돌을 놓았던 것이다. 인생의 나이는 길이보다 의미와 내용에서 평가되는 것이다. 누가 오래 살았는가를 묻기보다는 무엇을 남겨주었는가를 묻는 것이 역사이다.

4

무엇을 남기고
갈 것인가

돈과 성공, 명예

그는 왜
성공하지 못했는가

겉으로 보기에는 성공했고 사회적 명성도 얻었는데, 자신은 실패했다고 후회하며 말년에 가서는 장년기 때보다도 더 무가치한 수고를 했다고 자백하는 사람들이 적지 않다. 화려한 명성에 비해 역사적으로는 긍정적 평가를 받지 못하는 사람들이다.

나와는 친분도 있었고 사회적으로는 나보다 더 널리 알려진 A씨가 있다. 대단히 유능한 분이다. 그는 스스로를 학자이기도 하고 행정력도 특출하다고 믿고 있었다.

한 대학의 이사장이 나를 만났을 때 그분을 총장으로 모시려고 하는데 어떻게 생각하느냐고 물었다. 나는 좋은 분이고 적임자이기는 하나, 그 대학과 이사장을 위해 그 자리에 추천하기는 좀 꺼려지는 점이 있었다.

그분은 내가 있는 대학에 학장 자리를 주면 교수로 오겠다고 제안한 일이 있었다. 우리 대학 총장은 "현직 학장이 있기 때문에 교수로 있다가 여건이 되면 그런 문제도 고려해보겠다."고 협의하고 있는 중이었다. 우리 총장은 초청하고 싶기는 했지만 너무 자기 자신을 위한 생각이 앞서는 것 같아 결정을 보류하고 있었던 때였다.

A씨는 결국 명문 대학은 아니지만 그 이사장이 제안한 자리가 총장이라서 수락하고, 그 대학의 총장으로 4년 임기를 채웠다. 성과도 있었고 교수들도 좋게 평가를 하고 있었다. 그런데 1차 임기가 끝나면서 이사장은 A씨의 중임을 반대했다. 결국은 한 임기 더 하고 싶은 총장직을 떠나게 되었다.

그즈음에 나는 다른 기회에 그 대학 이사장을 만났다. "A총장과 몇 해 더 함께 지냈으면 했는데 그렇게 되지 못했더군요."라고 하자, 이사장의 대답은 내가 예측했던 것과 같았다. "A총장은 유능하고 좋은 분인데 우리 대학이 목적이 아니고 우리 대학 총장직을 더 좋은 대학 총장으로 가는 징검다리로 삼고 있었다."는 것이다.

나도 그 이사장의 판단이 옳다고 생각했다. A씨는 자신의 능력을 과대평가하고 있었기 때문이다. 마지막 목적은 강 건너 저편에 있으면서 강 이쪽에 있는 일은 그 발판으로 삼았던 것이다.

강 이편에서 강 저편을 탐하는 사람들

오랜 세월을 지내다 보면 세상에는 그런 사람들이 너무 많은 것 같다. 지난해에는 어떤 지방의 고등학교 교장을 만났다. 몇 가지 이야기를 나누어보니 그 교장은 마지못해 이곳까지 와 교장직을 맡고 있으나 임기 중에라도 큰 도시의 교장으로 가는 것이 목적이었다. 그렇게 되면 그 고등학교의 학생들은 지나친 표현이기는 하나 친어머니의 사랑을 받지 못하면서 지내는 어린애들같이 자랄 수밖에 없다.

한번은 교육계에서 존경받는 대학 총장이 내 친구와 이야기를 나누던 사석에서 당신의 꿈은 지금 있는 대학의 총장이 아니라 이 자리를 발판으로 해서 대권에 도전하는 것이 목적이라는 포부를 밝혔다는 것이다. 내 친구와 나는 그렇게 믿고 있지 않았기 때문에 의아하게 생각했다.

그분은 얼마 후에 교육계를 떠나 정치계로 진출했다. 순조로웠다면 대통령이 될 수도 있었을지 모른다. 그러나 나와 내 친구는 그것은 존경받을 처신도 아니며 또 정치가 특정인을 위한 수단이 되어서도 안 된다고 생각했다. 결국 그 뜻은 이루어지지 못했다.

사회에서 여러 사람들을 대해보면 그런 가치관을 지니고 있는 사람들이 적지 않다. 또 그렇게 야망이 있는 사람들이 성공한다고 생각한다.

그러나 생각을 바꾸어보면 한 사람의 일생은 대나무가 자라는 것과 비슷하다고 보아 좋을지 모른다. 대나무는 마디마디가 단단히 자라야 한다. 어떤 한 마디가 약해지면 이다음에 그 마디가 병들어 부러지게 된다. 또 그렇게 자기 목적을 위해 현재를 소홀히 한다면 그 책임자 때문에 피해를 입는 사람들은 어떻게 되는가. 그리고 또 모든 사람이 다 그렇게 산다면 그 사회는 어떻게 되겠는가.

인촌 김성수와의 만남

나는 대학으로 가기 전에 서울의 중앙중·고등학교에서 7년을 보냈다. 그 후반기에는 설립자인 인촌 김성수 선생 밑에서 일했다. 그분은 인간관계가 특출했던 것으로 알려져 있다. 그래서 많은 사람들이 그분을 존경했고 또 지도와 도움을 받았다.

그 당시 나는 30대 전후였기 때문에 아직 사회적으로는 철들지 못했던 때였다. 그러나 그 몇 해 동안에 그분으로부터 많은 것을 배우고 깨달았다. 그 몇 해 동안에 그분의 가르침을 받지 못했다면 내가 사회생활을 하는 동안에 많은 시행착오를 겪었을 것 같다는 생각을 해본다.

인촌은 아첨하는 사람, 동료를 비방하는 사람, 편 가르기를 하는 사람을 가까이하지 않았다. 그리고 한 번 당신 밑에서 일하도록 받아들인 사람은 끝까지 돌보아주는 후덕함을 지니고 있었다.

그런 점들을 배웠기 때문에 나도 그런 사람으로 살아야겠다는 생각을 갖고 사회생활을 이어온 셈이다.

중앙학교에서 교감직을 맡고 있을 때였다. 우리 교장이 나를 찾아와 한 교사를 이번 학기 말로 면직하자는 제안을 했다. 실력도 달리고 학부모들도 불만이 많다는 것이다. 나도 짐작이 가는 바가 있었다. 그러나 내가 그 교사라면 어쩌할까 하는 생각이 났고, 인촌 같으면 어떻게 처리하였을까를 생각도 해보았다. 그래서 교장에게 한 학기만 나에게 맡겨달라고 청했다.

나는 조용히 그 교사를 찾아가 교장의 뜻을 전하면서 한 학기 동안 나도 도와줄 테니 최선의 노력을 다해보고 학교와 학생들을 위해 사심 없이 판단해보자고 걱정을 나누었다. 그 교사도 정성껏 노력해보았다. 한 학기가 지난 다음에 우리는 그 문제를 협의하기로 했다. 그 선생은 자신이 떠나는 것이 좋겠다고 자인했다. 그러면서 자기에게 적당한 지방학교로 갈 수 있도록 도와주었으면 좋겠다는 청원도 숨기지 않고 말했다.

나는 교장과 협의해서 지방학교로 가도록 도왔다. 그 후에 나는 연세대학교로 적을 옮겼다. 그런데 그 선생은 그다음부터 나를 대단히 존경에 가까울 정도로 고맙게 여기게 되었다. 가족들도 나를 은인과 같이 감사히 여기곤 했다. 늙어서 은퇴할 때까지 그 고마움을 잊지 않았다. 아드님이 세브란스에 있을 때도 찾아와 감사의 뜻을 전하기도 했다.

내가 그런 길을 선택해본 것은 인촌에게서 배운 교훈에서였다. 공적인 일은 원칙적으로 처리해야 하나 인간 사이의 애정은 절대로 가벼운 것이 아니다. 특히 온정을 갖고 사는 우리 사회에서는 그렇다.

소통이 막힌 사회

최근에 전해지는 뉴스를 보면 여야를 가릴 필요가 없이 친ㅇ과 비ㅇ, 때로는 반ㅇ으로 갈린다. 국회의원 공천 때가 되면 국민들의 이맛살을 찌푸리게 할 정도로 계파 싸움을 한다. 높은 안목에서 보면 있을 수 없는 일이다. 도산 안창호도 민족성의 약점이 바로 거기에 있다고 지적하곤 했다.

나 자신이 정치계에 몸담고 있다고 상상해본다. 누가 나에게 친ㅇ 계통이냐, 아니면 반ㅇ 측이냐고 물으면 나는 어떻게 대답할까. 나는 "내 인격과 애국심을 믿고 정치계에 왔다. 누구 편이냐 이기적인 편 가르기를 할 것이라면 정치를 그만두겠다."라고 할 것이다.

우리는 한때 소통이 안 되는 사회와 소통을 못하는 리더십을 걱정하기도 했다. 생각해보면 소통의 방법이 더욱 중요하다. 대화가 없으면 소통이 불가능하기 때문이다.

지난 1세기 동안 대화와 소통이 가장 잘되는 큰 나라는 미국이라고 모두가 생각했다. 미국은 앵글로색슨의 전통을 계승했기 때문에 영국의 경험주의와 공리주의를 받아들였고 그 위에 실용주의 철학을 개척했다. 그리고 1세기 동안 그 실용주의 정신을 구현하기 위해 교육 방법에 큰 변화를 개척했다. 그것이 대화 교육의 결실로 나타났다. 유럽적 전통에서 본다면 미국 교육의 특색은 대화 방법이다. 아마 그런 대화 교육과 반대되는 교육을 계승한 사회가 있다면 독일이었을 것이다.

그 역사적 결과는 우리가 제2차 세계대전에서 겪은 현실에서도 볼 수 있을 것 같다.

제2차 세계대전에서 패배한 독일에서 있었던 일이다. 완전히 폐허가 된 서독의 지도자들이 다시 모여서 새로운 독일을 재건하자는 운동이 일어났다. 그렇게 해서 생긴 것이 복음아카데미운동, 즉 기독교 신앙을 갖고 새 출발을 하자는 운동 우리나라에서는 크리스천아카데미운동으로 부르고 있다이었다. 그때 채택된 가장 소중한 과제가 완전히 파괴된 인간관계를 회복하는 운동이었다. 독일 사람들은 맥주를 마실 때에도 서로 동시에 마셔야 안심할 정도였다. 누가 독을 탔을지도 모를 정도의 불신사회가 되었던 것이다. 인간사회에서 가장 나쁜 것은 비밀 정책이다. 히틀러 정권의 사회악이 그로부터 시작되었던 것이다. 공산주의자들도 그러했다.

그런 인간관계를 바로잡는 방법은 무엇인가? 대화 운동이었다. 인간관계의 회복과 정상화를 위해 대화는 필수적이라고 보았던 것이다. 그리고 후진사회에도 그 도움을 주기 위해 우리나라에도 아카데미하우스를 도와주었다. 처음에는 우이동에 건립되었고 다음에는 수원 호숫가에 자리를 잡았다. 각계각층 대표들이 모여 서로 대화를 나누는 일이다. 반드시 결론을 얻어야 하는 것은 아니다. 상대방의 생각과 주장을 들을 수 있는 것이 중요하기 때문이다.

대화도 중요하지만 열린 마음의 자세가 있어야 한다. 그런 준비가 없으면 대화가 토론이 되고 토론이 마침내는 투쟁으로 번지기도 한다. 사회적으로도 그렇다. 앵글로색슨 사회에서는 대화가 큰 비중을 차지한다. 독일·프랑스와 같은 합리적 사유가 전통인 대륙문화권에서는 대화보다 토론을 내세운다. 그런데 공산주의 사회에 가면 우선 투쟁해서 이겨야 한다고 생각한다.

대화와 토론, 그리고 투쟁

우리나라에서도 민주정치를 위해서는 소통이 잘되어야 한다고 걱정하고 있다. 소통은 대화에서 오는 것이다. 사실 서구사회에 있어서 대화는 긴 전통을 지니고 있다. 소크라테스의 교육법이 대화를 통한 교육이었다.

대화는 나와 너의 주장과 사고에서 차이점을 찾게 된다. 공통점은 서로 인정하면 된다. 차이점이 발견되었을 때는 더 높은 객관적 가치와 해답을 얻을 수 없겠는가 모색한다. 소망스러운 객관적 해답이 주어지면 그 해답을 위한 방법을 찾으면 되는 것이다. 첫째는 마음의 문을 열고 듣는 일이 앞서야 한다. 그리고 내 주장이 옳다고 여길 때는 내 주장을 상대방이 이해할 수 있도록 설득해야 한다. 그리고 그 차이점은 무엇이며 더 좋은 결과는 무엇인가를 찾아 공감, 동조, 협력하는 길을 찾는 것이 대화이다.

이런 대화를 위해서는 몇 가지 선행조건이 필요하다. 첫째는 대화에서 감정을 이성보다 앞세워서는 안 된다. 그런 사람은 언제 어디서나 대화의 자격이 없다.

이해관계를 개입시키거나 앞세우면 대화는 이루어지지 않는다. 수학 문제를 풀어갈 때는 방해조건이 없다. 이해관계가 없기 때문이다. 그러나 이해관계가 개입되면 대화는 장사 거래가 된다. 그런 때는 이해관계의 객관적 방향을 택해야 한다.

내가 오래전에 뉴욕에 갔을 때였다. 한인상가연합회 회장으로부터 들은 얘기가 생각난다. 한국 사람들은 상거래를 할 때 자기편의 이익만을 생각하고 따지기 때문에 여러 사람과의 다양한 거래가 되지 못한다. 눈앞의 이익만 추구하다가 한두 번 거래하고는 끝난다. 유대인들은 거래를 할 때 서로 간의 이익을 타산해본다. 그래서 상호 간의 이윤이 지속되는 동안에는 상거래가 지속 가능해진다. 그런데 영국 사람들은 상거래를 할 때, 내가 얼마나 이익을 주면 우리 물건을 쓰겠느냐고 상담해 온다. 그래서 결국은 그 사람들이 상권을 차지하게 된다는 것이다.

나를 위한 이해관계만을 따진다면 대화는 불가능해진다.

우리는 가장 대화가 잘되어야 할 종교계에서도 대화의 한계를 느끼는 때가 있다. 교리적 갈등이 종교전쟁으로까지 번지는 사례도 있을 정도이다.

그 원인은 간단하다. 종교계와 정치계에 선입관념과 고정관념의 굴레를 벗어나지 못하는 정신적 지도자가 많았기 때문이다. 정치적 이데올로기를 믿는 사람들, 자기가 믿는 신앙적 가치를 절대화하는 사람들 때문이다. 지식은 더 좋은 지식을 찾으면 바뀔 수 있다. 그러나 믿음, 즉 신앙으로 굳어지게 되면 더 좋은 것이 있더라도 바꾸지를 못한다. 신념이 되어버렸기 때문이다.

대화가 불가능해지면 주장만을 앞세우는 토론이 된다. 토론에서 해답을 얻지 못하면 투쟁이 된다. 정신적 투쟁이 혁명과 전쟁이 될 수도 있다. 우리 사회에서도 흔히 볼 수 있는 현상들이다.

소통 부재의 원인이 어디 있는지 모르는 사람이 너무 많은 것 같다. 크고 작은 일에 있어서는 나 자신도 그런 과오를 범하고 있는 것이다.

돈은 악마처럼
우리를 유혹한다

독일에서 많이 알려진 이야기가 있다. 세 사람의 강도가 함께 길을 가고 있었다. 이상하게 느껴지는 무엇이 있어 찾아가 보았더니 숲속에 황금 덩어리가 있었다. 세 강도 모두가 놀랐다. 이 금덩어리를 팔면 우리 셋이 부자는 못 되지만 한평생 먹고사는 데는 부족하지 않을 것이라고 생각했다. 그래서 세 사람은 발걸음을 고향으로 돌렸다.

산 밑에는 넓은 강물이 흐르고 강가에는 작은 나룻배 하나가 있었다. 금을 보자기에 숨겨 싸가지고 세 사람은 배를 저어 강을 건너고 있었다. 그때 앉아 있던 한 강도가 옆에 있는 강도에게 눈짓을 했다. 그 뜻은 노를 젓고 있는 저놈을 죽이면 금이 우리 두 사람 몫이 되고 우리는 부자 행세를 하면서 살 수 있지 않겠느냐는 암시였다.

한 강도가 슬그머니 일어나 노를 젓고 있는 강도를 강물로 밀어

넣고 몽둥이로 때려 죽였다.

두 강도는 껄껄 웃으면서 이제는 팔자를 고쳤다고 좋아했다. 그리고 고향으로 가는 길가에서 서로 협의했다. 금괴를 갖고 거리로 들어갔다가는 무슨 변이 생길지 모르니까 한 강도는 나무 그늘 으슥한 곳에서 금괴를 지키기로 하고 다른 한 강도는 거리로 들어가 점심 도시락을 사오기로 했다.

도시락을 준비하던 강도가 생각했다. '내가 저놈을 마저 죽이고 금괴를 가지면 큰 부자가 될 텐데 어떻게 죽일까?' 술병에 독약을 넣어 갖고 왔다. 금괴를 지키고 있던 강도도 같은 생각을 했다. 거리로 간 강도가 칼을 놓고 갔는데 그 칼을 갑자기 휘둘러 목을 따면 되겠다고 생각했다.

거리에 갔던 강도가 도시락을 꺼내놓고 술병까지 준비해 꺼내는 것을 본 강도가 칼을 들고 대들었다. 둘은 강도답게 싸움을 벌였으나 무기가 없는 강도가 크게 부상을 입고 쓰러졌다. 금괴를 다 줄 테니 내 목숨은 해치지 말아달라고 애원했다. 그러나 금괴를 본 강도는 그를 죽여버렸다. 칼을 숲속에 내던지고 숨이 가쁘게 제자리로 돌아온 강도는 다른 강도가 준비해놓은 술병을 기울여 여러 모금 마셨다. 그러고는 정신을 잃고 쓰러져 신음하다가 목숨이 끊어지고 말았다.

세 강도의 욕심스러운 꿈은 사라지고 금괴는 또 어떤 사람에게로 갈지 모르게 그 자리에 남겨지고 말았다.

내가 대학생 때 독일어 교재로 읽었던 이야기다. '돈은 악마와 같이 우리를 유혹한다'는 뜻이다. 그 유혹에 얼마나 많은 사람들이 삶과 인격을 잃어가는지 모른다.

우리는 강도니까 그랬을 것이라고 여긴다. 하지만 현실은 그렇지 않다. 우리 사회가 뽑아준 지도자, 정치계에서도 돈의 유혹에 빠져 인생을 그르친 사람들이 많다. 재벌가의 재산 싸움과 가정적 불행은 그치지 않는다. 사회적으로 크게 부각되지는 않았으나 내가 아는 한 가정에서는 재산과 교육기관의 관리 문제로 큰아들은 아버지와 한편이 되고 작은아들은 어머니와 합해서 대립과 갈등을 벌였다. 그 아버지는 사회적으로 알려진 사람이기 때문에 그 문제로 고민과 충격에 빠져 얼마 전에 세상을 떠났다.

점점 양심과 도덕적 가치와 질서는 설 자리가 없어지고 만다. 그래도 되는 것인가, 우리 젊은이들과 아들딸들이 그런 사회에 살기를 원하는지 묻고 싶어진다.

로마는 왜 무너졌을까

가장 중요한 점은 돈과 경제는 인생의 목적이 아니라는 관념이다. 가난한 사람들이나 후진사회에서는 경제 문제 해결이 무엇보다도 선결조건이다. 그 빈곤 때문에 인간다운 삶을 상실하고 있기 때문이다. 의식주의 문제는 시급한 과제이다. 그렇다고 해도 돈과 경제는 좀 더 인간다운 삶을 위한 수단이며 과정일 뿐이다.

돈과 경제가 인생의 목적이라고 믿고 사는 사람들은 그것을 소유하기를 원한다. 소유욕은 한계가 없기 때문에 자신은 물론 그 사회도 병들게 된다.

역사가들은 '로마가 왜 무너졌는가'라고 물었다. 일을 적게 하거나 안 하고, 부가 축적되었기 때문이다. 도덕성의 빈곤이 로마의 종말을 가져온 것이다. 개인의 경우도 마찬가지다. 일은 포기하고 주어진 유산으로 사는 젊은이들이 성공하거나 행복해지는 예는 없다.

한 가지만 더 추가하기로 하자.

돈과 부의 가치는 개인과 사회의 성장 단계에 따라 달라진다. 가난한 가정과 후진국의 빈곤층에게는 경제적 가치가 1차적인 선결문제이다. 그러나 재정적으로 안정되거나 경제적으로 중산층이 형성되면 돈과 부는 이웃과의 공유에서 행복을 창출하게 해준다. 나누어 갖도록 되어 있다. 더불어 사는 경제관이다.

나는 1962년 봄학기를 하버드대학에서 보냈다. 그 당시 하버드대학에서는 아메리카를 대표하는 신학자 라인홀드 니부어 교수를 초청한 일이 있었다. 그때 니부어 교수가 학생들에게 했던 말을 지금도 잊지 못하고 있다.

"지금 여러분들은 선조들의 업적을 이어받아 세계에서 가장 여유로운 경제적 부富를 누리고 있다. 만일 여러분들이 이 부를 우리끼리 즐기자, 라든지 아메리카를 위한 것이라고 생각한다면 아메리카는 부도 유지하지 못하며 경제적 가치도 더 창조해내지 못한다. 유산으로 물려받은 부를 세계 가난한 나라에 베풀어야 한다. 그래서 세계의 모든 나라들이 잘사는 나라가 되면 아메리카는 그 나라들의 도움으로 더 많은 부를 누리면서 인류에게 기여할 수 있게 되는 것이다."라는 충고였다.

세상이 이렇게 바뀌고 발전해가고 있는데 우리 사회 지도자들의 돈과 경제에 관한 관념이 그렇게 초보 단계에 머물고 있다면 한국의 장래가 어떻게 되겠는가. 만일 더 많은 재정적 여유가 주어진다면 그것은 사회와 필요로 하는 사람들에게 환원하는 것이 옳다고 믿는다. 그 베푸는 보람을 깨닫고 실천하는 동안에 개인과 사회는 성장과 발전을 거듭해가는 것이다.

카네기의 말이 있다. "내가 가장 부끄럽게 생각하는 것은 '그는 부자였다'는 말이다." 주기 위해 일했지 소유하기 위해서 일하지는 않았다는 뜻이다.

자서전을
쓴다면

요사이는 평범한 사람들도 자서전 비슷한
저서를 남긴다. 책을 펴내지는 않아도, 70고개를 넘기면 자신의
생애를 돌아보면서 자서전 비슷한 글을 남기고 싶다는 생각을 갖
는 사람들이 늘고 있다. 그런 생각을 갖는 사람들은 대부분 젊었
을 때 다른 사람의 전기나 자서전을 읽었을 것이다. 그리고 적지
않은 감명을 받았음에 틀림이 없다.

내가 젊었을 때는 마하트마 간디의 자서전이 많이 읽혔다. 감명
깊었고 흠모하는 정을 누르기 힘들었다. 대학 다닐 때는 존 스튜
어트 밀의 자서전을 누구나 읽었다. 여러 분야에 걸쳐 전문적 저
서를 남긴 영국의 학자다. 나 같은 사람은 그를 철학자로 인정하
고 있었다.

나와 내 친구들은 알베르트 슈바이처 박사의 자서전 『나의 생
애와 사상』을 많이 읽었다. 그리고 모두가 큰 감명을 받았다. 몇몇

의과대 학생들은 슈바이처협회 같은 조직을 구성하여 의료봉사에 헌신하기도 했다.

나도 그의 자서전을 읽으면서 내 인생의 목적과 방향을 설정하는 데 큰 도움을 받았다. 오늘의 나를 형성하는 데 가장 큰 도움을 준 분이기도 하다. 내 친구 이일선 목사는 슈바이처 박사의 자서전을 읽고 후에 성직자이면서 의사가 되어 직접 아프리카로 가서 슈바이처와 함께 의료 사업에 협력하기도 했다. 후에는 의료 혜택이 낙후된 울릉도로 가서 제2의 슈바이처 활동을 한 일도 있었다.

모든 것을 버리고 아프리카로 간 슈바이처

슈바이처 박사는 독일이 낳은 훌륭한 수재 중의 한 사람이었다. 그는 스스로 자신에 관한 글을 쓰면서, 자기는 24세가 될 때에 다른 사람들이 평생에 걸쳐 성취하는 일을 이미 세 가지나 갖추었다, 고 고백한다. 학자로서 대학교수가 되었고, 전통 있는 교회의 목사가 되었고, 어려서부터 파이프오르간을 연주해 음악계에서 인정받는 연주가가 되었다. 그리고 파이프오르간 제작에도 일가견의 전문성을 갖고 있었다.

그러나 그런 위치에 있으면서도 항상 마음 한구석을 차지한 빈 공간이 있었다. 그것은 예수는 서른 살이 되면서 사생활을 등지고 공생활에 투신해 새로운 삶을 성취했는데, 자기도 30고개를 넘기면서부터는 지금 이루어놓은 것보다 더 소중한 사명을 찾아 나설 수 없을까 하는 소원이었다.

그러던 중에 슈바이처는 우연한 기회에 한 잡지에 실린 기사를 읽었다. 아프리카에는 선교사들이 있어 기독교 복음은 전파되고 있으나 의사가 없어 도움을 받지 못하고 버림받는 환자들이 많이 있다는 내용이었다. 슈바이처는 바로 그 일이 자신에게 주어진 의무와 사명이라고 받아들였다.

의사가 되기로 결심한 그는 의과대학에 입학원서를 제출했다. 그런데 그 대학에는 교수와 학생의 신분을 동시에 갖는 규정이 없었고, 슈바이처는 교수직을 떠나기로 했다. 그러나 전체교수회의에서 특별한 혜택을 주었다. 덕분에 슈바이처는 낮에는 교수직을 계속하면서 야간에 의과대학 수업을 받는 특전을 받았다.

의사 자격을 취득할 때까지 슈바이처의 노력은 상상할 수 없을 정도로 고되었다. 자신도 특별한 건강을 타고났기에 가능했다고 서술하고 있다. 의사 자격을 얻은 후에는 열대의학에 관한 분야까지 추가로 공부해야 했다. 그 자신은 이렇게 술회하고 있다. "몇 해 동안 자신을 잊고 강의와 의학 공부에 열중했고, 그 모든 일을 끝냈을 때는 감격의 눈물을 흘렸다."고. 강철 같은 의지의 사나이였다.

모든 준비를 마친 슈바이처는 아프리카로 갈 준비에 착수했다.

가장 힘들었던 것은 자기를 사랑하고 위해주는 사람들의 만류였다. "아프리카에 의사로 갈 사람은 얼마든지 있다. 경제적 뒷받침만 되면 의사 여러 명도 보낼 수 있다. 그러나 당신은 문명사회가 요구하는 인재이다. 사회적 손실을 막기 위해서라도 독일과 유럽에 머물라."는 충고였다.

또 한 가지 뒤따르는 문제는 경제적 후원이었다. 그가 아프리카로 간다고 해서 재정적 후원을 해주는 사람은 많지 않았다. 그는 사재를 정리하고 간호사로 일할 수 있는 부인과 같이 떠나기로 결심했다.

아프리카에 정착한 그는 무로부터 유를 창출해내는 작업을 시작했다. 모든 것을 자기 손과 아이디어로 진행했다. 작은 병원이 생기고 환자들이 찾아들기 시작했을 때부터는 학문과 음악의 뜻을 버릴 수가 없었다. 잠자는 시간을 줄이고 학문 연구와 파이프 오르간 연주에도 시간을 할애했다. 오르간이나 피아노를 갖고 올 여유가 없었기 때문에 널빤지에 오르간 건반을 그려놓고 한두 시간씩은 연주 연습에 시간을 바치곤 했다.

그 결과로 두세 권의 저서가 발간되었다. 유럽에 잠시 갔을 때는, 그가 다시 아프리카로 가면 그 훌륭한 연주를 들을 수 없을 것이라는 음악 분야의 협의를 통해 연주 녹음을 남기기도 했다. 나도 피아노를 전공하던 친구를 통해 그의 바흐 연주를 들은 경험이 있다.

그가 남겨준 철학적 저서는 윤리에 관한 것이었다. 모든 윤리와 도덕의 기반과 목표가 되는 것은 생명에 대한 경외심이라는 결론이었다. 그것은 논리적 추리에 의한 것이 아니고 아프리카 밀림의 강 위를 뗏목을 타고 지나다가 얻은 계시와 비슷한 것이었다. 그래서 슈바이처의 후계자들은 생명 경외를 위한 모임을 갖고 의료사업에 헌신하기도 했다. 우리나라에도 그런 모임이 오래 지속되어왔다.

그가 노벨평화상을 받기 위해 오슬로에 갔을 때는 많은 사람들이 그를 맞이해주었다. 비가 내리고 있었던 모양이다. 기자들이 상금을 무엇에 쓰겠느냐고 물었다. 그는 "내가 운영하고 있는 병원에는 나병 환자를 위한 병동이 없는데 이번에 그 병동을 신축하겠다."고 말했다.

그는 90세가 될 때까지 그 병원에서 봉사했다. 슈바이처를 돕고 있던 후배 의사들이 이제는 좀 쉬시라고 권고했으나 그는 꾸준히 환자들을 돌보면서 "왜 나의 책임까지 빼앗으려고 하느냐."고 농담 섞인 불만을 말하기도 했다.

그러나 그는 자신의 죽음이 가까이 왔음을 느끼고 있었다. 프랑스에 있는 친구에게 보낸 마지막 편지에는 "아마 이 편지가 그대에게 도착할 즈음에는 나는 이 세상 사람이 아닐지도 모릅니다. 그러나 내가 세상을 떠났다고 해도 섭섭하게 생각지는 마십시오. 나는 60 평생을 도움을 요청하는 사람들을 위해줄 수 있어 누구보다도 행복했습니다."라고 심경을 고백하고 있다.

그의 부인은 먼저 아프리카에서 세상을 떠났고 그의 외동딸은 한국을 방문해 아버지를 존경하고 추모하는 사람들과 자리를 같이한 일도 있었다. 나도 그 자리에 참석했었다.

인간다운 삶의 궁극적 목표

나는 슈바이처의 자서전을 읽으면서 나 자신에게 몇 가지 문제를 제기해보았다.

인간다운 삶의 궁극적인 목표는 무엇인가.

학문도 귀하다. 그러나 그것은 또 다른 사람이 대신 할 수 있다. 예술도 있어야 한다. 그러나 예술을 즐기는 사람은 특혜를 받아 누리는 사람들이다. 교회와 신앙생활도 축복받은 사람들에게 주어진 선물이다. 그러나 지금 당장 죽음과 싸워가면서 생명을 유지해야 할 사람들은 삶 자체의 여유가 없다. 누군가가 도와주지 않으면 삶의 가치와 행복을 그대로 상실하고 만다. 그들이 버림받고 있다는 사실을 알면서 학문을 즐기고 예술을 찬양하며 교회에서 행복을 누린다는 것은 어떻게 보면 인생의 사치일 수도 있다.

그러기에 슈바이처는 자신을 위한 모든 삶의 소유와 자산을 버리기로 한 것이다. 고통을 받는 이웃들의 건강과 행복을 위해서는 자신의 것을 버려야 했던 것이다. 그것이 그에게 있어서는 삶의 궁극적인 목적이며 목표였던 것이다.

슈바이처는 종교와 철학을 전공했다. 그보다 소중한 학문적 과제는 없다고 많은 사람이 인정하고 있다. 그러나 슈바이처는 학문과 종교는 인간을 위한 것이지, 그것들이 삶의 목적은 아니라고 생각했다. 참된 삶을 위한 수단으로서의 학문과 종교였던 것이다. 학문이 인간보다 귀한 것도 아니며, 종교가 인간적 삶의 목적도 아니다. 신앙에 몰입하게 되면 인간은 종교의 예속물인 양 착각하기도 한다. 그러나 종교를 위한 인간이 아니고, 인간을 위한 신앙이다. 그것이 학문과 신앙의 궁극적 과제다.

슈바이처에 대해 교회적 교리주의자들은 적지 않은 이의를 제기하기도 했다. 어떤 때는 삼위일체 신앙을 믿느냐는 질문도 받았다. 슈바이처는 "나는 성경에서 그런 말이나 개념을 발견한 적이 없다."고 대답했다. 그것은 교리의 문제다. 인간적 진리의 과제는 아니다. 예수의 삶의 목표와 목적은 언제나 확실했다. 인간에 대한 희생적 사랑이었다.

슈바이처는 생명에 대한 경외심을 강조하면서 인간의 생명뿐 아니라 모든 살아 있는 존재의 생명성까지 존중히 여길 것을 주장했다.

오늘 우리는 인간의 생명을 동물의 생명만큼도 소중히 여길 줄 모르는 세상에 살고 있다. 그러나 생각을 평범하게 정리해보면 우리가 상실한 것이 얼마나 인간의 근원적인 과제인가를 묻지 않을 수 없다. 마치 사람들이 태양과 대지의 고마움을 잊고 사는 것 같이 삶과 생명의 기본 가치를 잊고 사는 것 같기도 하다.

예수는 '밀알이 땅에 떨어져 썩으면 많은 열매를 맺는다. 그러나 죽음을 거부하고 그대로 남으려 한다면 말라서 사라질 뿐'이라고 가르쳤다. 우리의 생명과 삶도 그렇다. 죽기를 거부하는 밀알이 되어서는 안 된다. 더 많은 생명과 인간다운 삶을 위하여 희생의 제물이 되는 것이 인생의 순리인 것이다. 그것이 신의 섭리이다. 거부할 수 없는, 거부해서도 안 되는 생명과 삶의 순리인 것이다.

세 동상

미국 LA 부근에 가면 '리버사이드카운티' 라는 작은 도시가 있다. 그 도시 시청 앞에는 기다란 공원이 있고, 그 공원에는 세 동상이 있다.

맨 앞에는 흑인 인권운동을 이끌다가 암살된 마틴 루서 킹 목사의 동상이 있다. 동상에는 그의 유명한 연설문 첫머리에 나오는 '나에게는 꿈이 있다'라는 문구가 새겨져 있다. 내 친구가 킹 목사가 살던 집 서재에 들러보았는데, 책상 뒤쪽 벽에는 '저기 꿈쟁이가 온다. 그를 죽여버리자. 그 꿈이 어떻게 되는가 보자.'라는 글이 쓰여 있었다고 했다.

'저기 꿈쟁이가 온다'

이 문구는 구약 창세기에 나오는 이야기다. 이스라엘의 세 번째 선조인 야곱에게는 열두 아들이 있었다. 그 아들들은 네 어머니의 태생이었기 때문에 서로 시기와 질투가 적지 않았다. 그런데 아버지 야곱은 가장 사랑하는 아내에게서 태어난 요셉을 각별히 사랑했다. 그래서 다른 아들들은 일터로 장기간 내보내는 일이 있어도 요셉은 언제나 아버지 곁에 머물게 했다.

그뿐만이 아니다. 철없는 요셉은 자주 꿈을 꾸고는 그 내용을 가족들에게 들려주곤 했는데, 그 꿈은 형제들이 자기에게 절을 하면서 살려주기를 애원하기도 하고 심지어는 부모들까지도 자기에게 절을 하는 내용이었다. 그렇지 않아도 미움을 사고 있었는데 꿈 얘기까지 해서 형들의 원심을 더해주곤 했다.

한번은 여러 형제들이 먼 곳으로 가 양 떼를 지키면서 목축을 하고 있을 때였다. 아버시 야곱이 요셉에게 며칠 동안 집을 비우더라도 형들이 어떻게 지내는지 가보고 안부를 전하라는 당부를 했다. 요셉이 멀리서 오는 것을 본 형제 가운데 하나가 "저기 꿈쟁이가 온다. 이번 기회에 요셉을 죽여버리자. 그리고 아버지에게는 들짐승에게 잡아먹힌 것 같다고 하면 될 것이다."고 제안했다. 요셉을 마땅치 않게 여겼던 형제들이 동의했다. 그래서 어떻게 죽이느냐고 상의할 때 착한 마음을 가진 한 형이 죽여서 피를 흘리는 것보다는 물이 없는 빈 우물에 처넣으면 굶어 죽을 테니까, 그 방법이 좋겠다고 했다. 형제들은 요셉을 빈 우물에 넣어버렸다. 그때 마침 이집트로 가던 대상들이 지나가자 형제들은 다시 의견을 모은다. 요셉을 돈을 받고 팔아버리면 형제간의 죄도 짓지 않고 돈도 받을 수 있으니까 그렇게 하기로 하고 요셉을 팔아넘기게 된다. 그 요셉이 후에 이집트의 총리가 되어 형제와 아버지를 가뭄에서 구출해 이집트로 이주해 오도록 이끌어준다는 얘기다.

내 친구가 킹 목사의 서재에서 본 것은 이 이야기 가운데 '꿈쟁이를 죽이면 그 꿈도 헛것이 되고 말 것'이라는 내용을 암시한 글귀이다.

킹 목사는 흑인들의 인권운동을 전개하다가 암살당한다. 그러나 그의 꿈은 성취된 셈이다. 지금은 흑인들의 법적 지위와 자유가 보장받게 되었다. 흑인 대통령이 탄생되기도 했고 흑인 여자 국무장관까지 나오게 되었다.

그래서 그 동상에는 '나에게는 꿈이 있다'는 문구가 새겨진 것이다.

나는 백인들이 지배하는 나라에 흑인의 동상이 세워진 것을 더욱 감명 깊게 받아들였다.

안창호 그리고 간디

그다음 자리에는 도산 안창호의 동상이 세워져 있다. 젊은 사람들은 그 이유를 잘 모를 것이다. 도산은 철이 들면서 나라를 빼앗긴 한을 풀고 그 책임을 담당해야 하는데, 무엇을 어떻게 할지 막

막했다. 우선 스스로가 힘을 길러야 하고 그러기 위해서는 보고 배우는 바가 있어야겠다고 생각했다. 그래서 단신으로 선진국인 미국으로 찾아온 것이다. 그러나 당장 발붙일 곳이 없었다. 마침 그 일대가 오렌지 농원이었기 때문에 한 농장주를 찾아가 일급을 받으면서 고용해줄 것을 간청했다. 안창호의 정성 어린 모습을 본 농장주는 아무 연고도 없는 젊은이를 채용키로 했다.

세월이 지나는 동안에 농장주는 도산의 자세와 인품에 감명했고 그를 믿게 되었다. 얼마 후에 도산은 그곳을 떠났고 긴 세월이 지났다. 그런데 여기저기서 들려오는 소식은 그 젊은이가 후에 고국인 한국에 가 민족을 위한 정신적 지도자가 되었다는 사실이었다. 그래서 재미 한국인들의 협력을 얻어 동상을 세우게 된 것이다. 미국인이 아닌 한국인의 동상을 세우는 그곳 유지들의 마음은 우리를 더욱 감동케 해준다.

세 번째로 세워진 것은 인도의 마하트마 간디의 동상이다. 그도 뜻밖의 인물이다. 킹 목사가 백인이 아닌 흑인이었고, 도산 안창호가 미국인이 아닌 한국 사람이었는데, 이번에는 영국의 식민지였던 인도 지도자의 동상이 세워진 것이다.

여러 해 전에 마하트마 간디의 일생이 미국에서 영화로 제작된 일이 있었다. 그 마지막 장면이 인상적이었다. 간디가 피격당해 죽은 뒤 그 시신을 인도의 관습대로 화장에 처했다. 그 남은 유골 가루를 인더스강에 뿌리는 장면에서 나온 대사가 "모든 거짓은 사라지고 진실이 남는다. 온갖 폭력이 사라지고 사랑이 남는다."
였다. 간디가 염원했던 인류의 희망이었다.

작년2015년에는 간디의 동상이 런던의 국회의사당 앞 광장공원
에도 건립되었다. 광장공원은 영국의 역사를 이끌어온 공로자들
의 동상이 있는 곳이다. 그런데 그 공원을 찾는 사람들은 그 어떤
영국 위인들보다도 간디를 더 흠모하고 존경한다는 보도였다.

나는 이 세 사람의 일생을 회상해보면서 몇 가지 공통점을 발견
했다.

첫째는 세 사람 모두가 역경 속에 태어나 일생을 마쳤다. 도산
도 그랬다. 나의 고향이 도산과 가까운 곳이었고 그가 머물던 대
보산 산장에 몇 차례 찾아가본 일이 있었다. 도산이 병을 얻어 감
옥에서 잠시 동안 가석방이 허락되었을 때는 직접 그분의 강연과
설교를 듣기도 했다. 그 무렵이었다. 도산이 송산리 마을길을 지
나다가 발걸음을 멈추고 자그마한 기와집 한 채를 살펴보았다.
우리 마을에서는 유일한 기와집이었다.

도산은 옆에 있던 사람에게 "저만한 경제적 조건을 갖추려면
얼마나 많은 땅을 경작해야 하며, 가축이나 소가 있느냐?" 등을
물었다. 그러고는 "우리나라 사람들 모두가 저 가정만큼 잘사는
것을 보았으면 좋겠다."는 말을 했다.

그 표정은 꼭 가난한 국민들을 대신하는 기도 같았다. 아마 그
것이 도산의 마지막 외출이었을 것이다. 얼마 후에 다시 수감되

어 있다가 병으로 세상을 떠났다. 해방을 보지 못한 것이 안타까운 마음이다.

나는 얼마 전 서울에 있는 도산공원에 들렀을 때 마음으로 기도드리는 말을 남겼다.

'선생님, 해방은 못 보셨지만 마음 편히 가지십시오. 이제는 우리나라 어디에 가든지 다 잘살고 있습니다. 그렇게 가난을 걱정하셨는데 선생님이 생각하셨던 것보다 다 여유 있는 생활을 하고 있습니다. 제가 살아 있는 동안에 통일이 되면 한 번 다시 와서 그 소식을 전해드리겠습니다.'라는 기도였다.

도산이 세상을 떠난 다음 해 봄에 나는 선생이 머물던 산장을 찾았다. 마을 입구에서 산장까지는 한참 올라가는 좁은 길이다. 그런데 그 길 양쪽에는 길을 만들면서 나온 돌들이 모두 누워 있지 않고 서 있었다. 산장 부근의 큰 돌들도 그랬다. 산장을 지키고 있던 조카따님으로 기억하는데, 그분 얘기는 선생께서 "돌들이 서 있는 것을 보면서 나라도 독립해야 한다는 뜻을 깨달았으면 좋겠다."고 하시면서 일부러 그렇게 세우셨다는 것이었다.

그 수난 속에서도 피어오른 애절한 애국심이었다.

사랑이 있는 고난의 길

세 분의 또 하나의 공통점은 정의사회를 위한 꾸준한 노력과 정신적 투쟁이다.

사람들은 민주주의의 나무는 피를 거름 삼아 자란다고 말한다. 역사가 이를 보여주고 있다. 우리도 민주화를 위해 많은 희생을 치렀다.

그런데 이 세 사람은 정의로운 사회를 위해 폭력을 쓰지 않는 항거와 투쟁의 일생을 살았다. 희생을 원치 않았기 때문이다. 그런데 폭력을 쓰지 않았기 때문에 그분들의 싸움은 더욱 힘들었다. 희생의 몫은 스스로 지더라도 다른 사람에게는 요구하지 않았다. 킹 목사는 스스로의 희생을 각오하고 출발했고 몸소 그 희생의 제물이 되었다.

도산도 같은 길을 택했기 때문에 오랜 감옥생활과 고난을 참아야 했다. 내 친구인 한태동 연세대 교수의 부친은 옛날 중국 상하이에 살면서 경제계에서 일했다. 여유가 있는 실업가였다. 그렇기 때문에 상하이에 있는 임시정부 요인들과는 친분이 많았다. 임시정부와 관련된 배후의 사실들을 누구보다도 잘 알고 있었다.

그분은 상하이의 임시정부를 항상 도산 중심의 정부라고 말했다. 도산은 임시정부의 대표적인 요직을 맡지는 않았다. 임시정부의 대표자는 이승만, 김구로 되어 있었으나 실제로는 도산 정부였다는 것이다. 도산은 임시정부가 분열되면 애써 설득해서는 합치도록 했고, 이쪽과 저쪽이 편 가르기를 할 때는 화해를 이끌어내곤 했다. 좌우가 그렇게 대립되어 있을 때에도 독립을 이룰 때까지는 서로 힘을 합치라고 타이르곤 했다.

사실 지금도 도산일기를 읽어보면 오늘은 누구를 찾아가 화해하기를 설득했다든지, 누구와 누구의 싸움을 사전에 막기 위해 찾아다녔다는 이야기가 그렇게 많이 보인다.

내 친구의 부친은, 다른 사람들은 다 정치권력과 대표 자리를 위해 싸웠는데 도산은 처음부터 끝까지 애국심을 갖고 일했으며, 도산만큼 인격적 수준이 높은 이는 없었다는 점을 강조했다는 것이다.

비폭력의 모범을 보여준 선각자는 간디였다. 비폭력은 다른 두 분도 간디로부터 배운 교훈이었다. 고당 조만식도 그랬다. 그리고 비폭력운동은 많은 종교의 가르침이었고 기독교의 정신이기도 하였다.

세 사람은 다 같이 사랑이 있는 고난의 길을 걷다가 희생의 제물이 되었다. 킹 목사도 폭력에 의한 죽음을 맞이했다. 간디는 종교적 제전에 참석하기 위해 가다가 한 젊은이가 축복해달라고 무릎을 꿇는 것을 보고 축복의 손을 얹었다가 그 젊은이가 쏜 총에 맞았다. 도산은 일제의 강압을 받다가 병원에서 여생을 끝냈다.

그들은 다 같은 인생의 길을 걸었다. 자신들의 목숨이나 일생보다도 더 귀하고 높은 목적이 있었기에 그것을 위해 고난의 길을 택했고, 그 목적을 이루기 위해 순교자의 길을 걸었던 것이다. 그 목적이 무엇이었는가. 일반적 관념으로 표현한다면 '더 많은 사람이 인간답게 살 수 있는 데 도움을 주고 싶다'는 것이다. 거기에는 진실과 사랑의 가치가 필수적이었던 것이다.

만일 우리 모두가 그런 목적을 갖고 사는 데 동참할 수 있다면 다른 문제들은 자연스럽게 해결될 수 있지 않을까 싶어진 것이다.

나에게
'감투'란

오래전 일이다. 집안 동생을 만났을 때였다. "형님도 장長 자리 하나 얻으셨어요?"라면서 웃었다. "그러고 보니까 장 자리는 하나도 없는데……."라고 했더니 "저는 나이 40이 되어서 겨우 감투 하나 썼습니다."라는 것이다. 내가 "큰일을 한 모양이네. 앞으로 감투를 몇 개나 더 쓰겠는데……."라고 했더니 "하나로 끝낼 겁니다. 동네에서 1년 동안 반장 일을 좀 보아달라고 해서 시한부 감투를 썼습니다."라는 것이었다.

심부름꾼으로 족해

그런 얘기를 하고 보니까 나는 밖에 내놓을 만한 감투는 써본 일이 없는 것이다. 지금까지도 그렇다.

이런 일 저런 일을 맡기는 했어도 위원이나 이사회의 한 사람이었지 장은 맡지 못했다. 솔직히 말하면 심부름꾼으로 그치곤 했다. 또 그것이 내가 원하는 바이기도 했다.

31년간 대학에 있을 때에도 그랬다. 공식적으로 인정받는 장은 학과장을 했다. 누구에게나 한 번씩 돌아오는 자리니까 못해본 교수는 없는 자리였다.

한번은 학생처장을 맡아주었으면 좋겠다고 총장이 얘기했다. 못한다고 사양해 겨우 벗어났다. 그다음부터 나는 행정에는 무능하고 협조만 하는 사람으로 인정받게 되었다. 내 입장에서 본다면 행정직을 맡을 시간이 있으면 공부를 하거나 대외적 활동을 하는 편이 옳다고 생각한 것이다. 그 대외적 활동은 내가 하는 학문적 범위와 연결되어 있기 때문이다.

그뿐만 아니다. 대학에 있다 보면 행정직을 원하는 교수도 많이 있고, 나보다 유능한 적임자로 보이는 사람을 추천하는 것이 대학을 위해 도움이 되는 것이다.

4·19 혁명 후에 우리 대학에서 교권을 위한 민주화 문제가 발생한 일이 있었다. 나는 그때 교수 편에서 대학 당국, 즉 이사회와 총장 측과 대립되는 위치에 있었다. 문제가 수습되면서 대학 측에서 교무처장을 맡아달라는 청이 있었다. 나는 생각할 여유도 없이 사양했다. 이런 대립된 분규가 있은 후에는 중립된 위치에 있던 사람이 책임을 맡는 것이 좋겠고, 나는 적임자가 아니라고 말했다. 그 대신 누구를 추천하라면 하겠다고 제안했다. 대학 측

에서는 내가 추천한 교수를 받아들였다.

또 여러 해가 지났다.

한번은 총장에게서 전화가 왔다. 오늘 오후 2시에 어디에 있느냐고 물었다. 집에 있을 것이지만, 지금 말씀해주시면 더 좋겠다고 했더니 오후 2시가 되어야 한다는 것이다.

집에서 원고를 쓰고 있는데 전화가 왔다. "나 지금 이사회 인사위원회에 들어가고 있는데 김 선생이 이번 학기부터 2년간 교양학부장을 맡아야겠어요."라는 것이다. 내가 이야기를 꺼내기도 전에 그쪽에서 먼저 전화를 끊어버렸다. 그렇게 해서 내가 대학에서 제일 높은 보직을 2년 맡은 일이 있었다. 그러나 일단 맡았으니까 최선을 다하는 것이 내 성정이기도 했다.

그리고 또 1년쯤 지났다.

총장에게서 전화가 왔다. 전화로 말씀드려 죄송하다면서, 학생상담소 일을 맡아주었으면 감사하겠다는 청이었다. 교무위원^{교양}^{학부장}까지 지낸 분에게 낮은 직책을 부탁하면 다른 교수님들은 거절하겠고 자기도 부탁하기가 껄끄러우나, 선생님은 수고해주실 것 같아 말씀드린다는 것이다. 정부로 말하면 국무회의에 참석하던 사람에게 과장이나 국장의 임무를 맡아달라는 격이어서 죄송하지만, 선생님은 학교를 위해 그런 것에는 개의치 않고 맡아줄 것으로 믿는다는 뜻이었다.

나는 오늘 좀 생각해보고 내일 말씀드리겠다고 대답했다. 교수님들의 명단을 살펴보았는데 내가 학생들을 위해 수고해주는 것이 좋겠다고 생각했다. 그래서 2년 동안 봉사를 한 셈이다.

우스운 것은 내 경력을 소개하는 때가 생기면 연세대에 있을 때 학생상담소장을 지냈다는 항목이 나온다. 그러면 나를 아는 사람들은 30여 년 대학에 있었는데 겨우 맡은 감투가 상담소장이었는가, 라고 놀리기도 했다. 나는 "그것도 나에게야 과분하지. 그래도 장長 자리라는 것은 인정해야 돼……."라면서 웃는다.

그다음에는 인문과학연구소 일을 4년 맡아보았다. 학과장과 연구소장은 대학에서 감투이기보다는 학문적으로 소중한 직책이기 때문이다.

"가난한 교수의 청이니……"

그러나 감투 대신에 뒤에서 학교와 다른 교수를 도운 일은 때때로 있었다. 두 가지 큰 사건은 다른 글에서 밝혔기 때문에 얘기할 필요가 없겠다.

한 가지만 소개하겠다.

한번은 두세 후배 교수가 찾아왔다. 고충이 있다고 했다. 대학에서 봉급을 올릴 때는 일률적으로 몇 퍼센트씩 높이기 때문에 원로 교수들은 지나치게 많이 오르고 가장 힘들게 일하고 부양가족들 때문에 고생을 많이 하는 부교수급은 여전히 고생하게 된다. 선생님이 총장님께 제안해서 부교수와 중간 계층 봉급은 좀 많이 올리고 원로 교수들은 부양가족 문제도 없으니까 적게 책정해도 좋을 것 같다는 고충을 좀 맡아서 해결해달라는 것이었다.

나도 경험한 사실이다. 그래서 기회를 보아 총장을 만났다. 그 얘기를 했더니 총장은 "그렇게 되면 우리 봉급은 덜 올라가고 다른 교수들만 덕을 보게 되는데."라면서 난색을 표했다. 나도 웃으면서 "총장님이야 부자 아닙니까. 나같이 가난한 교수의 청이니까 한번 연구해보아주세요. 원로 교수의 생각도 좀 들어보시고요……."라고 말했다. 총장은 "사실 내가 알아보니까, 나보다 봉급을 더 많이 받는 교수가 7명이나 되데……."라면서 웃었다. 나도 "그분들이야 일을 더 많이 하니까 받을 만하지요."라면서 웃었다.

총상은 여러모로 연구해보았을 것이다. 다양하게 조사해본 모양이었다. 어쨌든 일을 많이 하고 부양가족이 많은 교수들에게 도움이 되는 방법을 모색했던 것 같다. 조교수와 부교수 때는 내가 가장 고생한 교수이기도 했다. 부양가족이 8명이었으니까.

지금도 신문이나 월간지 같은 곳에 소개되는 내 이력을 보면 초라한 편이다. 감투가 너무 없었기 때문이다.

그 대신 보직과 감투를 좋아하는 교수도 있다. 그런 감투를 따라 교수직을 떠나는 사람도 있다. 그러나 긴 안목에서 보면 보직과 감투를 좋아하거나 목적 삼는 교수들을 보면 성공한 편도 못되며 영예롭지도 못한 경우가 더 많은 것 같다. 소수이기는 하나

학자답게 학문적 업적을 남긴 사람은 학문에만 열중했던 사람들이다. 나 같은 사람은 이쪽도 저쪽도 못 되는 중간에서 살았던 것 같다. 한 가지 지켜보려고 노력한 것은 교수다운 교수로 일생을 살아가자는 선택이었다.

"호텔비가 너무 적습니다"

사실 교수생활을 오래 하다 보면 자기모순에 빠지는 때가 종종 있다. 자주 겪는 일 중의 하나이다.

한번은 지방에 있는 대학의 졸업식에 참석하게 되었다. 졸업생들을 위해 강연을 맡아달라는 청이었다. 그런 경우는 별로 없었다. 지방대학이기 때문에 전날 가서 하루는 호텔에 머물러야 했다. 학위 수여식 절차를 다 끝내고 호텔로 돌아왔다. 대학 당국의 책임자가 와서 호텔 사용료를 정리했다. 담당 직원이 나에게 "선생님, 호텔비가 너무 적습니다."라는 것이었다. 나는 필요한 것은 다 쓴 셈이라고 말했다. 다른 손님들은 나보다 많다는 얘기였다. 다른 손님은 그 대학의 전직 총장이나 귀빈들이다. 대학에서 초청해야 할 인사들이다. 그분들은 호텔에 머물면서 필요한 것들을 다 접대받은 것이다. 호텔에 비치되어 있던 양주들도 있었으니까. 나는 습관이 되어 있기 때문에 공짜로 주는 물병 외에는 손을 대지 않는다. 더욱이 학교 일을 위해 갔을 때는 그렇다.

지금도 학비가 없어 아르바이트를 하는 학생들이 많이 있다. 나도 그런 대학 시절을 보냈다. 그렇게 고생하는 학생들의 어려움을 알기 때문에 연세대에 있으면서도 봉급에 대한 불평이나, 인상을 요구하는 데는 좀 소극적이었다. 그것의 옳고 그른 것을 따지지 않았다. 그런 생각이 지배적이었기 때문에 그날도 호텔 비용은 방값뿐이었다. 다른 손님들은 초대를 받았으니까 필요한 것들은 챙겨 썼던 것이다. 그래서 그 직원은 요것뿐이냐면서 다른 분들의 절반밖에 안 된다는 것이다.

그래도 내 맘이 편하니까 그 편이 오히려 좋았다고 생각한다. 내 소원 중의 하나는 우리나라 공직자들이 국민들의 세금을 내 재산같이 아껴서 가난한 국민들을 위해 쓰는 때가 오는 것이다. 그러면 기쁜 마음으로 세금을 낼 것이다. 선진국에 가보면 세금이 우리보다 많다. 그러나 세금에 대한 불만은 많지 않다. 자신과 이웃을 위한 의무이기 때문이다.

1971년이었을 것이다.

서울대학의 Y교수와 서강대학의 K교수가 우리 집을 방문했다. 다음 해의 한국철학회 회장을 맡아주었으면 좋겠다는 상의였다. 연세대학 차례도 되었고 연세대에서는 정석해 교수 다음이 내 차례라는 것이다. 그 당시만 아니라 지금도 철학회 회장은 미리 내정해두는 것이 상례다.

사실 나는 그 책임을 회피하는 것도 옳지 않으나 맡고 싶은 생각도 없었다. 더 해야 할 일이 많기 때문이다. 그런데 때마침 내가 1년 동안 미국 대학에 가도록 되어 있었다. 그래서 덜 미안하게 사양할 수 있었다. 그래서 철학회 회비는 좀 많이 내기로 하고 회장직은 모면할 수 있었다. 그 뒤에는 후배 교수들이 회장직을 원했기 때문에 나에게는 다시 기회도 오지 않았고 내정을 받지도 못했다.

가까운 친구들이 그 흔한 학회장직도 못해봤느냐고 말하기도 한다. 철학회에 대해서는 죄송하나 나 같은 사람도 있어 나쁘지는 않다고 생각한다.

그런 면에 있어서는 소설가 박경리 씨나 화가 천경자 씨 등이 더 존경스럽게 생각되기도 한다. 그들은 작품을 위한 열정 외에는 어떤 감투에도 생각이 없던 분들이다.

공연윤리위원에서 잘린 사연

대외적인 활동이 없었던 것은 아니다. 공연윤리위원으로 오래 일했다. 초창기부터였으니까. 또 도서윤리위원이기도 했다. 둘 다 청와대 소속이기 때문에 사회적으로는 적지 않은 관심을 모으기도 했다. 그러다가 전두환 정권으로 연장되었을 때였다. 예고도 없었는데 갑자기 청와대로 오라는 것이다. 말하자면 대통령이 찾아서 상견례도 하고 수고한다는 말도 하려는 절차였다. 그 당시는 청와대가 자주 그런 일을 하던 때였다. 그런데 나는 그날 지방대학에 강연이 잡혀 있었다. 전두환 정권을 좋아하지도 않던 때여서 나는 선약이 있어서 못 가겠다고 했다. 위원장이 청와대가 소집하는데 지방대학의 양해를 구하고 가자고 권고했다. 그래도 나는 청와대에서 점심을 접대받는 것보다는 국민들을 위해 맡은 일이 중하기 때문에 고집을 부렸다. 사실은 연세대 학생처장이었던 박영식 교수가 청와대에서 모인다고 갔다가 2시간 동안 헛된 시간을 보냈다는 얘기도 들었던 때였다.

그 결석이 원인이었을 것이다. 두 직책 다 없어지고 말았다. 지금 생각해보면 예의가 아니었던 것 같으나 또 생각해보면 청와대가 좋게 양해할 수 있는 것 같기도 했다. 민간적 행사였다면 미리 출결석 여부를 협의하는 것이 보통이다.

다른 일은 모르지만 군정신교육위원으로는 초창기부터 공화당 정권이 끝날 때까지 성의껏 협조해주었다. 나름대로 도움 되는 일도 많이 했다. 군 방송에는 아마 내가 가장 많은 도움을 주었을 것이다. 군 관계 강연회도 많이 도와주었다. 군을 위한 책자를 만드는 데 참여하기도 했다.

감투는 쓰지 않았기 때문에 알려지지 않은 봉사였다. 국민생활향상심의위원회 회원이기도 했다. 그때 알게 된 기업인 중에서는 두산그룹의 창업자와 SK그룹의 최 전 회장 등이 참 좋은 분이라고 느껴졌다.

사회적으로는 월드비전 구호기관에서 19년 동안 이사로 있었다. 기독교 기관으로서는 국제적으로 인정받는 단체다. 처음에는 미국에서 원조를 받는 일이 목적이었으나 후에는 세계적으로 구호 일을 맡아 협조하는 기관으로까지 성장했다. 북한에서도 월드비전만은 우호적으로 대해주고 있다. 지금은 명예이사로 있다.

　정년퇴직을 한 후에는 한우리독서운동에 동참해 초대 회장직을 맡았다. 그 운동은 중요하면서도 너무 힘든 일이어서 사회적으로 믿을 만한 사람이 한다는 인상과 신뢰가 필요했던 것이다. 고생스러운 일도 있었다. 그래서 3대 회장은 정부의 문공부 장관 출신으로 추대했다. 그런대로 노력했고 나는 뒤에서 마음으로 협조해왔다. 성과의 다소는 후에 평가해보아야 하겠다.

　지금은 성천문화재단의 이사 중 한 사람으로 남아 있다. 두세 차례 떠나려고 했으나 지금 임기가 끝나면 자동으로 떠나게 될 것이라고 생각한다. 놓아주지 않기 때문에 고마운 직책으로 알고 있다.

　그런데 이상하게도 대외적으로 내놓을 감투가 없다. 감투가 없으니까 뒤따르는 명예도 없다. 그래도 일을 남겼으니까 감사할 뿐이다.

무엇을 위해
살 것인가

오래전 일본 친구로부터 들은 이야기다. 이케다池田 수상은 일본에서도 존경받는 정치가였다. 일본 경제를 본궤도 위에 올려놓은 경제 전문가이기도 했다. 그가 인후암으로 비교적 건강한 때에 세상을 떠났다.

죽음을 앞두고 투병을 하던 때에 그의 후계자로 수상직을 맡았던 미키三木 친구가 찾아왔다. 인후암이었기 때문에 대화를 나눌 수는 없어 필담을 교환하곤 했었다. 이케다 수상은 흰 종이 위에 두 마디의 글을 남겼다.

"죽고 싶지 않다. 다시 태어날 수만 있다면 정치는 하지 않겠다."는 유서였다.

만일 그가 다시 태어났다면 무슨 일을 하고 싶었을까. 제2차 세계대전이 끝난 후에 일본은행에서 조사한 내용을 본 일이 있다. 내 일본 동창이 조사국장으로 있을 때 얻은 보고 문건에서였다.

지난 100년 동안 일본 정부가 투자한 예산 중에서 가장 무가치한 지출은 군사비로 나타났다. 일본을 위해 아무 도움도 되지 못한 예산이었다는 평가다. 가장 효과적인 예산은 압도적으로 교육을 위한 투자로 나타났다. 교육에 대한 투자는 경제 성장을 위한 투자보다도 훨씬 우위에 있었다. 지금 기억나지는 않으나 정치적 투자는 경제보다 하위였던 것 같다.

그런 사실을 잘 알고 있는 이케다 수상이었기 때문에 다시 태어난다면 교육계에 헌신하고 싶었을지 모른다. 화려하지는 못하고 사회적 명성은 낮았을지 모르나 교육은 정치보다 소중한 일임은 사실이다.

황장엽의 회한

황장엽 씨가 북한을 탈출해 서울에 머물고 있을 때였다. 나와 나이가 비슷했고 같은 평양에서 젊은 시기를 보냈기 때문에 이야기를 나누다가 내가 "나는 해방되고 2년을 지내다가 조용히 교육 사업을 접고 탈북했다."고 말했다. 김일성과는 같은 고향이고 초등학교 선후배 관계이기도 했으나 공산주의 사회에서는 할 일이 없었다는 얘기도 했다. 그 얘기를 들은 황장엽 씨는 "김 선생은 선견지명이 있었습니다. 나는 그대로 남을 수밖에 없어 오늘 이 신세가 되었습니다. 일생을 무의미하게 빼앗기고 말았습니다."라고 말했다.

그다음에 만났을 때는 황 선생이 자기의 철학에 관해 쓴 저서를 증정받기도 했다. 나는 그가 북한에서 정치생활을 하지 않았다면 학자가 되고 싶었을 것 같다는 생각을 했다.

어떤 사람이 보람 있는 인생의 선택을 했을까. 다시 태어나도 나는 지금 하고 있는 일을 하겠다는 신념이 있다면 그가 최선의 인생을 산 것이 아닐까 싶다. 내 친구인 안병욱 선생도 그랬다. 김태길 선생은 그 당시 가장 인기 높은 법학을 택했다가 후에 윤리학으로 방향을 바꾸었다. 해방된 조국의 현실을 생각했던 것 같다. 그분도 다시 태어나면 지금 하는 일을 계속하고 싶다고 말했다. 나도 마찬가지다. 학문과 교육은 앞으로도 가장 소중한 우리의 과제라고 믿고 있다.

만일 누군가가 나에게 '당신도 죽고 싶지 않으냐?'고 물으면 내 대답은 어떠할까.

'지금은 죽고 싶지 않다. 그러나 때가 오면 죽어야 할 것으로 안다.'고 대답할 것 같다.

그때가 언제냐고 물으면 '더 일을 할 수도 없고 사랑하는 사람들에게 아무 도움도 주지 못하게 되었을 때에는 죽음을 맞고 싶다.'고 말할 것이다.

만일 모든 사람이 죽고 싶지 않다고 해 안 죽는다면 세상이 어떻게 되겠는가. 100년이고 200년이라도 산다고 상상해보라. 그

곳이 바로 지옥이 될 것이다. 그래서 우리 선조들도 고려장을 생각했던 것 같다. 한 교회의 목사님 설교가 생각난다. "우리 모두가 오래 살겠다고 욕심부리지 말고 하나님께서 부르실 때에는 감사합니다, 라고 응답하면서 갈 준비를 합시다. 그것이 우리 후손과 젊은이들을 위한 늙은이들의 도리이고 또 사회 전체를 위한 봉사이기도 합니다."라는 설교였다. 노년 세대는 늘어나고 젊은 세대의 부담만 늘어나는 사회가 되어서는 안 되겠다는 뜻에서 한 설교였다. 그 얘기를 전해 들으면서 나는 너무 오래 산 것 같다는 생각을 해보았다.

죽음이 주는 교훈

그렇다면 죽음은 우리에게 어떤 의미와 교훈을 주는가? 이제부터 남은 세월을 무엇을 위해 살다가 무엇을 남기고 갈 것인가에 대한 물음과 해답인 것이다.

지금까지 살아온 삶의 내용을 그대로 연장하면 된다는 사람이 있다면 긍정적인 인생을 살아온 것이다. 그러나 무엇인가 새로운 목표를 세우고 살아야겠다는 자기반성이 있다면 늦기 전에 삶의 내용과 의미를 바꾸어야 할 것이다. 이기적인 생활을 해온 사람은 더불어 살면서 나누고 베푸는 삶을 택해야 할 것이다. 물질적 소유를 위해 살아온 사람은 정신적 가치를 위해 삶의 지평을 높여가야 한다.

그렇다면 그 가치판단은 누가 내리는 것인가. 우리가 죽은 뒤에 우리의 삶을 계승해가는 후대들이 평가해준다. 그 대신 우리는 '나는 무엇을 남기고 갈 것인가?'를 묻고 그 대답에 걸맞은 삶을 찾아 노력하면 된다.

가정적 생활을 위해 좁은 삶을 이어온 우리 선조들은 자식들을 위해 많은 유산을 남겨주는 것이 부모의 도리라고 여겼다. 재산이 많은 사람들은 기업체를 남기는 것이 목적이기도 했다. 나도 몇 해 전 강남 지역에 갔다가 잘 정돈된 종합병원 입구 광장에서 내 친구의 동상을 본 일이 있다. 평생 동안 다섯 정도의 병원을 설립·운영했는데 그 병원이 마지막 병원이었던 것이다. 그런 의료 시설을 남기고 간 친구에게 감사와 존경의 뜻을 보내고 싶었다.

재작년, 중학교 선배인 황순원 작가의 기념관을 보았을 때는 더 가깝고 정다운 고마움을 느꼈다. 많은 소설을 정성스레 다듬어 우리에게 남겨준 고마움을 잊을 수 없어 좋은 기념문학관을 유지들이 지어준 것이다. 스스로의 뜻으로 세운 동상이 아니라 예술을 사랑하고 흠모하는 사람들이 정신적 기념비로 세워준 기념관이다.

셰익스피어를 존경했기 때문에 영국을 우러러보는 사람들, 빅토르 위고의 작품을 읽었기 때문에 프랑스가 좋아진 사람들, 괴테를 사랑했기 때문에 독일 문화를 높이 평가하는 사람들이 많이 있다. 개인이 남겨준 정신적 유산이 그의 조국을 영광스럽게 높여준 것이다.

우리 곁의 평범한 이웃

그러나 그 어떤 사람보다도 인류의 사랑과 존경을 받아온 사람이 있다. 그분들이 우리들 주변에서 우리와 같이 지냈다면 위대함을 몰랐을 정도로 평범하게 산 분들이다. 공자, 석가, 예수, 때로는 소크라테스와 같은 사람들이다. 그들은 기업가도 정치가도 아니었다. 학자나 예술가도 못 되었다. 우리와 큰 차이가 없는 인생을 살았다. 공자나 석가는 존경받는 스승이기는 했다. 그러나 소크라테스나 예수는 범죄자의 낙인을 받고 사형에 처해진 사람이었다. 우리와 같이 평범하게 살았기 때문에 더 많은 사람의 친구가 되고 스승이 되었다. 그분들은 인간다운 인간, 사람다운 사람으로 살다가 간 분들이다. 큰 업적을 남긴 바도 없었다.

그렇다면 무엇이 그들을 사랑받고 감사의 대상이 되는 인간으로 만들었는가. 그들은 한 사람 한 사람의 인간을 사랑했다. 그 사랑의 뜻이 너무 컸기 때문에 인간 모두에게 뻗칠 수 있는 사랑이었다. 인간애의 주인공들이었다.

우리 모두가 져야 할 사랑의 짐을 대신했고, 모든 인간이 겪어야 할 고뇌의 짐을 대신하려고 노력했던 분들이다. 그래서 우리는 그분들의 사랑을 잊을 수가 없다. 어머니의 동상을 세워야겠다고 생각하는 아들은 없을 것이다. 어머니의 사랑은 내 마음속에 가득 차 있기 때문이다. 동상^{흔히 말하는}은 유명한 사람의 대명사일 수 있다. 그러나 사랑으로 하나가 되어 있는 사람에게는 동상 같은 형상화가 필요 없어진다.

그래서 우리는 그분들을 숭앙하는 것이다. 가능하다면 그분들과 같은 삶을 이어가고 싶어지는 것이다. 왜 그러한가. 우리는 예술이나 학문의 업적은 남길 수 없어도 이웃에 대한 사랑의 봉사는 할 수 있고 하고 있는 것이다. 정치적 업적이나 경제적 유산은 남길 수 없어도 가난하고 병든 이웃들에게 따뜻한 정과 마음은 나누어줄 수가 있다. 그 사람들의 마음속에 사랑의 동상을 안겨줄 수는 있다.

그래서 무엇을 남기고 갈 것인가, 라고 물었을 때의 대답은 사랑을 나누어주는 삶인 것이다. 그보다 위대한 것은 없다. 그 사랑이 귀하기 때문에 더 높은 사랑은 죽음까지도 극복할 수 있는 것이다.

5

늙음은
말없이 찾아온다

노년의 삶

인생의 황금기는
60에서 75세

노년기는 언제부터 시작되는가. 보통 65세 부터라고 말한다. 그러나 나와 내 가까운 친구들은 그런 생각을 버린 지 오래다. 사람은 성장하는 동안은 늙지 않는다. 노력하는 사람들은 75세까지는 정신적으로 인간적 성장이 가능하다. 신체 가 쇠약해지면 늙는다고 생각하는 사람들이 있다. 그 생각은 동 물적이거나 생리적 관점이다. 신체적인 성장은 여자가 22세까지 이고, 남자는 24세까지라고 한다. 그 후부터는 서서히 하강하는 것이 신체적 과정이다. 그러다가 40대가 되면 성인병이 나타나기 시작하고 누구나 늙는다고 생각한다.

그러나 정신적 성장과 인간적 성숙은 그런 한계가 없다. 노력만 한다면 75세까지는 성장이 가능하다고 생각한다. 나는 후배 교수 들이 회갑이 되었다고 말하면 '저 친구는 철도 들기 전에 회갑부 터 맞이하네.'라고 생각한다. 나도 60이 되기 전에는 모든 면에서 미숙했다는 사실을 인정하고 있다. 내 선배 교수인 정석해 선생이 한번은 나에게 "김 선생은 지금 연세가 어떻게 되더라?"고 물었다. 내가 "70대 중반입니다."라고 했더니 "좋은 나이로구먼……." 하면서 부러워했다. 그래서 나는 오래전부터 인생의 황금기는 60에서 75세 사이라고 믿고 있다. 내가 1961년에 처음 미국에 갔을 때 가장 부러웠던 것은 '인생은 60부터'라는 말이었다. 백인 교수들은 모두가 그렇게 믿고 있었다.

사람은 성장하는 동안은 늙지 않는다

지금 내가 "노년기는 언제부터인가?"라고 물어보는 것은 성장이 끝나기 시작하는 때를 더듬어보자는 뜻이다. 만일 성장이 정지되는 75세를 기준으로 삼는다면 늙기 시작하는 것은 75세부터라고 보아 좋을 것 같다. 그러다가 80세가 되면 노년기에 접어들게 된다. 그 나이가 되면 옛날로 돌아갈 수 없는 나의 인생이 정착되거나 평가의 대상이 된다.

내 주변에서도 그렇다. 중·고등학교 때 동창이나 대학 친구들을 만난다. 그 나이쯤이 되면 모두가 살아온 과거의 결과를 보여준다. 성공한 사람도 있고 실패한 사람도 있다. 존경스러운 모습으로 나타나기도 하고 부끄러운 모습을 보여주는 이도 있다. 행복과 불행의 차이도 드러난다. 때로는 밖에 나갔다가 동료나 후배 교수들을 만난다. 이제는 돌이킬 수 없을 정도로 자신들의 인생을 마감하고 있다는 쓸쓸함을 보여준다.

그런 점들을 고려하면서 우리들 각자의 노년기는 어떠할까 반성해본다면, 80쯤의 나이가 평가의 기준이 되면 좋을 것 같다. 흔히 말하는 대로 '나는 과연 성공했는가? 지금도 행복하다고 스스로 인정할 수 있는가? 그래도 존경스러운 삶을 이어왔는가?' 같은 질문을 해볼 수 있을 것이다.

글을 쓰고 있는 나는 97세를 맞고 있다. 그러니까, 80고개를 가고도 17년이 지난 셈이다. 때로는 나 자신에게 물어보곤 한다. 내 인생에 후회는 없었던가? 다시 인생을 시작한다면 언제쯤부터 잃어버린 삶의 결함을 채워갈 수 있을까? 사랑하는 사람들에게 어떤 삶의 의미를 남겨주었던가? 내 나름대로 정리해보고 싶어지기도 한다.

80에 내 삶을 돌아본다면

나는 가까운 친구들을 보면서 내가 지금 갖고 있는 생각이 인정받을 수 있다고 생각한다. 내 가까운 친구였던 김태길 서울대 교수는 76세 때 '한국인의 가치관'에 관한 책을 내놓았다. 88세까지는 노쇠 현상을 크게 나타내 보이지 않았다. 또 한 친구인 안병욱 교수도 94세에 작고했다. 병중에 있던 4, 5년을 제외한다고 해도 89세까지는 일을 계속한 셈이다. 성결교의 좋은 지도자였던 정진경 목사는 88세까지 정상적으로 일하다가 다음 날 스케줄을 짜놓고 잠든 것이 영면으로 이어졌다. 김수환 추기경은 병으로 불편은 했으나 87세까지 영향력을 보여준 셈이다.

나는 약간 예외인지 모르겠다. 65세가 되면서 연세대를 정년으로 떠났다. 후배들에게 "나도 대학을 졸업했으니까 내일부터 졸업생답게 사회에 나가 일을 시작해야겠다."고 농담 섞어 말했다. 그리고 만 31년간 또 일을 했다. 교육계에서 40년, 사회 교육에 동참하고 31년을 보냈다. 71년 동안을 일한 셈이다. 앞으로 몇 해나 더 지금 생활이 연장될지 모르겠다. 매일 원고도 써야 하고, 1주간에 한두 번쯤은 강연에도 나가고 있다.

어떻게 그런 일이 가능하냐고 물어보는 이도 있다. 해오던 일이니까 계속하고 있을 뿐이다. 내가 일하고 싶어 한다기보다는 아직은 사회가 요청해 오기 때문에 일하는 것이다. 설명한다면 다음과 같은 얘기가 적합할지 모르겠다. 75세까지는 나 나름대로 공부하면서 일했으니까, 어느 정도는 창의적인 성장을 해왔다. 그 후부터는 창조적인 노력이나 성장은 불가능하더라도 그 성장해 놓은 수준은 유지된다고 생각한다. 그런데 우리 사회의 평균 성장 수준은 그보다 훨씬 낮은 실정이다. 나의 성장이 80이었다면 사회적 성장은 70 정도라고 볼 수 있을지 모르겠다. 그러니까 내가 갖고 있는 10 정도의 도움은 줄 수도 있고 또 사회가 요청하기도 한다. 그것이 오늘까지 이어져오고 있다. 물론 우리 사회의 어떤 분야의 수준은 90이 되기도 한다. 그렇게 되면 나는 배워서 자라야 한다. 그러나 70 정도의 성장에 머무는 분야가 우리 사회에 아직 남아 있다. 그러니까 나 같은 사람도 건강만 허락된다면 그들을 돕는 책임을 감당해야 한다. 요사이는 60분 정도까지의 강연은 서서 한다. 그보다 긴 강연을 맡았을 때는 앉아서 하기도 한다. 그러나 작은 도움이라도 줄 수 있다면 다행이라고 생각한다. 원고를 쓰는 일은 자유로운 시간을 활용하기 때문에 크게 제약을 받지 않는다.

왜 이런 부끄러운 얘기까지 하는가? 지금도 우리 사회는 너무 일찍 성장을 포기하는 젊은 늙은이들이 많기 때문이다. 아무리 40대라고 해도 공부하지 않고 일을 포기하면 녹스는 기세와 같아서 노쇠하게 된다. 차라리 60대가 되어서도 진지하게 공부하며 일하는 사람은 성장을 멈추지 않는 것이다. 모든 것이 순조로이 이루어지는 것은 아니다. 그러나 성실한 노력과 도전을 포기한다면 그는 모든 것을 상실하게 된다.

80쯤 되면 모든 사람은 두 가지 모습으로 나타나게 된다. 스스로 나는 행복했다고 인정하며, 주변 사람들이 존경스러운 일생을 살았다고 평가해주는 사람들이 있다. 한편으론, 스스로 쓸모없는 인생을 살았다는 부끄러움을 깨닫는 사람이 있다. 사회로부터도 버림을 받았다는 자책감을 느끼는 사람도 있다.

나 자신도 과거를 돌이켜보면서 뒤늦게 발견한 인생의 교훈이 있다. 인생에서 50에서 80까지는 단절되지 않은 한 기간으로 보아야 한다는 생각이다. 50부터는 80이 되었을 때 나는 적어도 이러한 삶의 조각품을 완성해야 한다는 준비와 계획과 신념과 꾸준한 용기를 갖고, 제2의 마라톤을 달리는 각오로 재출발해야 한다는 교훈이다.

"장수의 비결이 뭔가요?"

 "건강과 장수의 비결이 뭔가요?" 90보다 100세에 가까워졌을 때 가장 많이 받는 질문이다.

신체적 건강은 의사들이 도와주는 것이기 때문에 나 같은 사람이 도움을 줄 수는 없다. 나는 건강에 너무 많은 관심을 쏟는 것도 좋지는 않으나 너무 관심을 갖지 않는 것도 옳지 않다고 생각한다. 건강 자체가 인생의 목적은 아니기 때문이다.

사실 나는 어렸을 때 남달리 건강하지 못했다. 한때는 나를 사랑하는 부모와 가족들까지도 내 건강에 대해서는 단념을 했을 정도였다. 20이 될 때까지는 항상 신체적 건강에는 자신이 없었다. 그러니까 건강을 위해서 신체적 과로나 무리는 하지 않았다. 안 했다기보다는 못했을 정도였다. 신체적 절제라고 할까. 조심조심히 살아왔다. 그것이 습관이 되어 지금도 신체나 정신적 무리는 하지 않는다. 그것이 장수의 한 비법이 되었는지 모른다.

최고령 수영장 회원

50고개를 넘기면서야 정상적인 건강에 자신을 찾았다. 그래도 90을 넘긴 지금도 무리는 하지 않는다. 할 수 있는 일의 90%까지만 책임을 맡는다. 10% 정도는 항상 여유를 남겨둔다. 언제든지 하고 싶을 때는 일을 할 수 있도록 여유를 갖고 산다.

그래도 건강을 위해서는 어떤 운동을 한 가지는 해야겠다고 생각했다. 처음에는 정구를 치는 것이 어떨까, 라고 생각했다. 그러나 몇 차례 경험해보았더니 장소가 정해져 있어야 하고 함께 할 짝이 있어야 한다. 나는 언제나 바쁘게 지냈기 때문에 정구는 불편하다고 생각했다. 그래서 궁리하다가 자유로운 시간에 혼자서도 즐길 수 있는 수영을 택하기로 했다. 대학을 정년으로 떠난 후에는 거의 매일같이 짧은 시간이나마 수영을 했다. 외국에 여행을 떠날 때에는 수영장이 있는 호텔을 예약했을 정도로 열심히 했다. 하다 보면 빠지는 날은 몸이 무겁게 느껴지기 때문에, 조깅을 하는 사람들이 매일 뛰어야 하듯이 수영을 계속했다.

그러나 운동 자체가 목적은 아니다. 건강을 위한 하나의 수단이었다. 그러나 즐겁고 도움이 되는 방법이었다. 운동의 목적이 건강이었다고 해서 건강 자체가 목적은 아니다. 건강은 일을 하기 위한 또 하나의 필수조건이었다. 마지막 목적은 일이었다.

때때로 헬스클럽에 가면 운동은 그대로 건강이라고 착각하는 사람들이 있다. 운동을 많이 할수록 건강해진다고 믿는 사람들이다. 운동선수들은 운동이 목적이기 때문에 운동 때문에 건강을 해치는 사람도 있다. 나 같은 사람에게는 운동은 건강을 유지하기 위한 필수조건의 하나이다. 지금도 일주일에 세 번쯤은 수영장을 찾는다. 30분 정도 물속에 들어가 수영도 하고 다리운동도 한다. 경험해보지 않은 사람들은 "오늘은 피곤한데 수영은 그만두라."고 권한다. 그러나 나는 수영을 함으로 오히려 피곤을 푸는 가벼움을 느낀다.

하루에도 수차례 2층 방을 오르락내리락

수영과 더불어 하는 운동 아닌 운동은 걷는 일이다. 하루에 50분 정도는 걷는다. 전에는 아침시간에 산책을 했으나 80을 넘기면서부터는 오후에 걷는다. 체온 관계도 있고 아침운동은 여름이 아니면 부담스러워지기도 한다.

그러나 내게는 걷기운동은 산책이고 산책도 정신적으로는 생산적이기도 하다. 원고 내용을 사색하기도 하고 다음 주간에 있을 강의나 강연 내용을 정리하기도 한다. 늙은 사람에게는 운동이라는 생각보다는 생활 자체가 운동을 동반하는 습관이 되어야 한다. 내 방은 2층이다. 하루에도 몇 차례씩 층층대를 오르내린다. 그것이 운동이다.

나는 지금도 대중교통을 이용한다. 버스나 지하철을 골라 타는 것이 정신적 운동도 된다. 우리 집 옆에는 좋은 회사의 회장이 살고 있다. 그는 하루 종일 걷는 일이 없다. 대문 앞에서 기사가 운전하는 차를 타고 출근했다가는 일이 끝나면 또 차로 퇴근한다. 그러니까 운동 부족을 채우기 위해 주말에는 가벼운 등산도 하고 때로는 골프를 치기도 한다. 나는 그럴 시간이 없기 때문에 버스나 지하철을 타기 위해서라도 상당히 긴 거리를 걸어야 한다. 생활 자체가 운동인 것이다.

운동이 건강을 위해 필요하다면 건강은 무엇을 위해 있는가. 나에게는 일을 하기 위해서다. 운동을 위한 운동은 운동선수들의 몫이다. 건강을 위한 건강은 목적이 없지 않은가. 나에게는 건강은 일을 위해 필수적이다. 일이 목적이고 건강은 수단이다. 그래서 친구들과 비교해보면서 누가 더 건강한가 묻는다면 대답은 간단하다. 누가 더 일을 많이 하는가 물으면 된다. 지금은 내가 가장 건강한 편이라고 믿고 있다. 내가 누구보다도 많은 일을 하고 있기 때문이다. 말하자면 나에게 있어서는 일이 건강의 비결이다.

그런 생각을 갖고 내가 아는 사람들과 존경하는 사람들의 생애를 살펴본다. 일을 사랑하는 사람들이 건강하고 장수하는 편이다. 건강해서 장수한다고 모두 생각한다. 그러나 그 사람들의 생애를 조사해보면 일을 많이 했기 때문에 그 건강도 유지했던 것 같다.

우리가 잘 아는 철학자 칸트는 80년을 살았다. 300년 전에 80

까지 살았다면 장수한 셈이다. 그는 왜소하고 건강에 있어서는 열등생이었다. 산책 외에는 운동을 했다는 기록이 없다. 무엇이 그의 건강을 지탱했는가. 학문에 대한 열정과 일이었다. 어떤 이들은 칸트를 나귀와 같이 많은 짐을 지고 살았다고 평한다. 그러나 그는 무거운 학문의 짐을 지고 80 평생을 건강하게 보냈다. 일이 건강을 유지해준 것이다. 알베르트 슈바이처 박사는 하루에 몇 시간씩밖에 수면시간을 갖지 않았다. 정신적 일뿐 아니라 육체적인 일도 마다하지 않았다. 90을 넘길 때까지 일에서 손을 놓은 일이 없었다. 그가 마지막으로 프랑스에 있는 친구에게 보낸 편지를 보면 젊었을 때는 말할 필요도 없겠거니와 아프리카에 와서도 60년간 환자들을 위해 일할 수 있어 누구보다도 행복했다고 고백하고 있다. 건강이 일을 도왔는지 일이 건강을 도왔는지 묻고 싶은 생각을 해본다.

건강은 일을 하기 위해서

나는 일이 내 건강을 유지해주었다고 믿고 있다. 지금도 하루하루를 그렇게 살고 있다. 일을 하기 위해서는 건강을 유지해야 한다. 그리고 건강을 유지하기 위해서는 운동의 도움을 받아야 한다고 생각한다.

30년쯤 전이었을 것이다.

세브란스병원에 간 일이 있었다. 내 제자였던 내과 교수가 위장 내시경 검사를 언제 받았느냐고 물었다. 아직 받아본 적이 없다고 했더니, 그러면 오늘 한번 검사해보자고 했다. 별 이상이 없었다. 그러면서 5년에 한 번쯤은 받아보는 것이 좋다고 했다. 그러나 바빠서 지금까지 그대로 지낸다. 지금은 바쁘다기보다는 게을러서 그러는지도 모른다.

10여 년 전에는 일산에 있는 암센터의 의사와 직원들을 위해 강연을 간 일이 있었다. 강연회를 끝내고 차를 마시는 시간에 박 원장이 대장암 검진을 받았느냐고 물었다. 없다고 했더니 한 번도 없느냐고 또 물었다. 좀 부끄럽기도 했으나 아직 받아본 적이 없다고 대답했다. 박 원장은 우리나라에서 유명한 대장암의 권위자였다. 고집부리지 말고 아무 때라도 좋으니까 연락을 하고 오라는 친절을 베풀어주었다. 그러겠다고 대답은 했으나 아직도 찾아가지 못하고 있다.

몇 해 전에는 나와 비슷한 연세의 조향록 목사를 회의장에서 만났다. 지팡이를 짚고 부인과 같이 나왔다. 내가 건강은 좋으시냐고 물었다. 얼마 전 대장암을 발견하고 수술을 받았는데 결과가 좋아 다행이라면서 나보고도 늙으면 의사가 권하는 대로 검사를 받는 것이 좋겠더라, 는 권고를 했다. 그리고 1년쯤 지나 대장암으로 세상을 떠났다. 의사가 때늦은 수술이었다는 사실은 말하지 않았던 것 같다. 그 얘기를 듣고 이제라도 검사를 받아야겠다고 생각은 하면서도 시간을 놓치고 있다. 게으름 때문이기도 하나 하루는 굶어야 한다기에 겁을 집어먹고 있는지 모르겠다.

이렇게 나는 잘못 살아왔으나 내가 다시 인생을 시작한다면 지금의 나와 같이 지내서는 안 된다고 말하고 싶다. 50쯤 되었을 때는 좋은 가정의를 정하고 때때로 건강에 관한 얘기도 나누고 건강검진을 주기적으로 받는 것이 필수적이다. 그래서 가정의의 권고와 지시에 따라 전문의의 도움을 받는 것은 의무적인 사항이다. 의료계가 베푸는 특혜를 외면하는 것은 좋은 일이 아니다. 그리고 안과나 치과와 같은 진료는 정해놓고 검진과 치료를 받아야 한다.

내 건방진 생각이기는 하나 50대부터 계속 의료의 도움을 받는다면 80까지는 건강도 유지되고 많은 일도 할 수 있으리라고 믿고 있다. 그런 점들을 감안한다면 나와 같은 건강법은 옳지 못한 것이다.

오직 내가 얘기하고 싶은 것은 일을 사랑하고 열심히 일하는 동안은 그 일 때문에, 또 일을 성취해나가는 기간에, 어떤 인간적 에너지 같은 것이 작용해 건강을 돕지 않았는가, 하는 좁은 경험에서 얻은 현실이다.

나는 지금도 신체적 건강과 정신적 건강은 상호작용을 한다고 믿고 있다. 젊었을 때는 신체적 건강이 정신적 건강을 이끌어주나, 나이 들면 정신적 책임이 신체적 건강에 더 큰 영향을 주는 것 같다. 스트레스의 경우라든지 노이로제의 문제 등은 더욱 그럴 것 같다. 그런데 신체적 건강과 정신적 건강을 합친 인간적인 건강도 인정해서 좋을 것 같다. 일을 사랑하고 위한다는 것은 인간적 과제에 속한다. 어떤 사명감을 갖고 산다든지 긍정적인 사고와 희망을 창출해내는 노력 같은 것은 인간 전체적 기능과 역할에 속한다고 보아 잘못이 아닐 것 같다. 뚜렷한 목적을 갖고 사는 사람과 아무 목적도 없이 사는 사람이 같을 수는 없다. 그런 배경을 인정한다면 일을 사랑하는 사람이 건강해진다는 생각도 잘못은 아닐 것이다.

젊어서는 용기,
늙어서는 지혜

 흔히 들어온 이야기가 있다. 젊었을 때는 용기가 있어야 하고 장년기에는 신념이 있어야 하나, 늙어서는 지혜가 필요하다는 것이다.

젊었을 때는 삶의 활력이 넘치는 시기이기 때문에 용기가 없는 사람은 없을 것 같다. 만용이라고 할까? 자제해야 할 욕망을 위한 용기 같은 것은 진정한 용기가 아니다. 선한 의지와 고상한 목표를 위한 용기가 있어야 한다.

인생에 있어 장년기는 가장 오랜 세월을 차지한다. 30에서 60까지는 장년기에 속한다고 보아 좋을 것이다. 어떤 이는 70까지를 장년기로 보기도 한다. 자신의 일과 더불어 성장하는 기간이며 일의 사회적 의미와 가치를 평가받는 기간이기도 하다. 그 긴 기간 동안에는 어떤 신념이 있어야 한다. 무엇이 선이고 무엇은 악이라는 윤리적 신념도 필요하다. 사회생활에 있어서 가치 있는 것과 무가치한 것을 식별할 수도 있어야 한다. 해서는 안 되는 것과 어렵더라도 해야 할 의무를 구별하는 기준이 필요하다. 이때 무엇보다도 중요한 것은 뚜렷한 삶의 목표와 목적을 위한 확고한 신념이다.

그러다가 장년기를 끝내게 되면 대개의 경우 일터의 일선에서는 물러나게 된다. 늙으면 주어진 일을 열정적으로 수행하기에는 인간적 에너지가 줄어들기 때문이다.

주변에서 일과 명예의 욕심 때문에 더 유능하게 일할 수 있는 후배들의 시간과 가능성을 빼앗는 경우를 자주 본다. 심지어는 그 욕심과 무리한 의욕 때문에 스스로의 건강과 인생의 좌절을 초래하기도 한다. 그런 경우는 선한 의욕이라고 해도 노년기를 맞는 지혜의 부족이라고 할 수 있다.

김활란 총장의 낙담

오래전에 이화여자대학에 근무하는 친구 교수로부터 들었던 이야기가 생각난다. 그 친구는 평생을 이화대학에서 지냈고 교목이기도 했기 때문에 비교적 상세히 대학 분위기를 아는 위치에 있었다.

특별한 목적이 있어 물었던 것은 아니다. 김활란 총장이 비교적 건강히 일해온 분인데, 어째서 이번에 미국에서 돌아오면서 입원을 했고 너무 갑자기 세상을 떠났는지 모르겠다고 물었다.

내 친구의 대답은 약간 의외였다. 김 총장이 이화대학의 100주년인가 하는 큰 행사를 앞두고 재정적 확보를 위해 미국으로 떠났던 모양이다. 미국 감리교계에 김 총장만큼 많은 친구들을 둔 이가 없었다. 또 수많은 졸업생들이 미국에 거주하고 있었다. 그들의 재정적 협조를 기대하고 떠났는데 그 뜻이 여의치 못했다. 환경도 많이 바뀌고 옛날에 비해 졸업생들의 호응도 좋지 못했다. 예상했던 것보다 작은 성과가 힘들었던 모양이다. 노쇠한 몸을 이끌고 애태우다가 좌절감에 빠진 것이다. 그 정도가 너무 심했다. 대학에 대한 애정이 컸기 때문에 실망과 좌절감도 증폭되었던 것이다.

그것이 신병으로까지 번지면서 더 머물 수도 없고 돌아올 용기도 잃고 있었던 모양이다. 그 사실을 알게 된 대학 측에서 거의 강요하다시피 해 모셔왔다는 얘기였다.

내가 봉직하고 있던 연세대학에서도 비슷한 사례가 있었다. 최현배 선생의 한글 사랑은 각별한 것이었다. 그래서 정년으로 대학을 떠난 뒤에도 한글학회 일을 몸소 맡아 고생했다. 당신의 기대와 희망이 너무 컸던 셈이다. 그 일을 감당하기에는 지나치게 높은 연세이기도 했다. 좀 더 일할 수 있는 나이에 세상을 떠났다.

최 선생을 가까이 모시고 있던 분 중 허웅 교수가 후회스러운 회고를 한 일이 있었다. 일의 일선에서는 물러나게 하고 자기네들이 지시를 받아 일했으면 좋았을 뻔했다는 후회였다. 사실 한글학회 회관 건립과 중요한 일들은 최 선생의 후배들이 결실을 거두었던 것이다.

나보다 더 유능한 후배들을 위해

그런 일은 좀 더 큰 사회에서도 나타나곤 한다.

지난해^{2015년}니까 최근의 일이다. 캐나다에서는 아주 젊은 총리가 당선되었다. 그것도 압도적인 지지를 얻었다. 그렇게 젊은 나이에 총리가 된 것은 아버지 총리의 덕분이라고 캐나다 사람들은 말하고 있다. 그의 아버지 트뤼도 총리의 얘기는 그 당시 내가 캐나다를 다녀왔기 때문에 비교적 상세히 기억하고 있다. 그때 트뤼도 총리는 오랜 임기에 해당하는 기간을 수상으로 지냈다. 그리고 자신의 재선 문제를 놓고 긴 고민에 빠졌다. 국민들은 압도적으로 총리직에 더 머물 것을 원하고 있는데, 본인은 캐나다를 위해 지금 떠나 후계자가 일을 계승해야 할 때가 아닌가를 고민했다. 그 고민의 결정을 내리기 위해 비교적 추운 날씨에 긴 산책을 떠났다. 생각을 정리한 트뤼도 총리는 집에 도착하면서 좋은 후계자에게 양도하는 것이 캐나다를 위한 도리라고 생각했다. 다음 날 그는 총리직을 떠날 것을 국민들에게 약속했다.

그는 많은 국민들에게 아쉬운 사랑과 존경을 남기고 떠났다. 그리고 이번에 그의 아들이 캐나다의 젊은 일꾼으로 등단하게 된 것이다. 훌륭한 모범을 보여준 것이다.

물론, 열심히 일할 수 있는 장년기를 신체적 연령만으로 측정할 수는 없다. 그러나 늦어도 30대 후반부터 70이 될 때까지는 장년기라고 보아 좋을 것 같다. 나와 내 친구들의 경우도 그랬던 것 같다. 그 나이가 지나게 되면 노년기가 시작된다. 노년기를 맞으면서는 무엇보다도 지혜가 필요하다. 지혜를 갖추지 못한 노인들은 사회로부터 버림을 받게 된다. 그때 버림받지 않고 기대와 존경을 받는 사람도 있고, 사회에 도움도 주지 못하는 쓸모없는 노년기로 인생을 끝내는 사람들도 있다.

늙어가는 것이 아니라 익어가는 것

인간은 늙어가는 것이 아니고 성숙되어가는 과정이라고 보는 관념이 보편화되고 있다. 늙는다는 것은 꽃이 피었다가 열매를 맺고 그 열매가 익어가는 것 같은 과정이다. 그 기간에 가장 중요한 것은 지혜이다. 지혜를 갖춘 노년기와 지혜를 갖추지 못한, 흔히 말하는 어리석은 노년기의 차이는 너무나 뚜렷하다.

그런 지혜의 한 가지로, 힘들어서 해야 할 일은 후배에게 물려주고 우리는 그 뒤에서 선배다운 지혜를 갖고 도와주자는 것이다. 성숙된 사회에 가면 원로라는 말을 자주 듣는다. 원로가 있는 사회와 없는 사회는 다르다. 지혜로운 조부모나 부모가 있는 가정과 없는 가정이 다른 것과 비슷하다.

　지혜로운 노년기의 부모는 직접 자신이 하던 일을 서서히 아들딸들에게 물려주고 배후에서 질문도 받고 도움을 준다. 사회 일도 그렇게 되어야 한다. 그때 노년기 지도자들이 갖추어야 할 정신적 자산이 넓은 의미의 지혜인 것이다. 지혜로운 사람은 죽을 때까지 그 직책이나 지위를 가지려 하지 않는다.

　로마의 교황은 옛날부터 종신직이었던 것 같다. 그러나 교회를 사랑하고 위하는 교황은 자신의 건강과 맡은 책임의 한계를 느끼면 생전에 그 자리를 내놓는 절차를 택한다. 그것이 사회를 위한 책임자의 지혜인 것이다. 최근에 우리는 영국 왕실의 경우를 자주 언급한다. 엘리자베스 2세 여왕의 재위 기간이 너무 길어 왕세자가 왕위에 올라보지 못하고 생애를 끝내면 어떻게 하는가 하는 여론들이다. 우리는 그 내막을 모른다. 대개는 후임자를 더 유능한 일꾼으로 육성하고 일하게 하는 것이 일반 사회에서는 정상적인 과정이다.

계속 배우고 공부한 덕분

　그렇다면 노년기에 필요한 지혜란 어떤 것인가.

　가장 중요한 것은 책을 읽거나 공부를 해서 지식을 넓혀가는 일이다. 70대에 갖고 있던 지식을 접거나 축소하지 말고 필요한 지식을 유지하거나 넓혀가는 일이다. 아는 것이 뒤지게 되면 후배나 동료들 사이에서 처지게 된다. 그리고 지식을 넓혀가는 노력은 어려운 일이 아니다. 책을 읽는 즐거움을 더해갈 수도 있고 기회가 주어지는 대로 강의나 강연회에 참석하는 일도 필요하다. 후배들과 자리를 같이하면서 지식을 나누어주기도 하고 받아들이는 것도 즐거운 일이다. 안 하다 보면 내 지식이 축소되기 쉬우나 여유 있게 노력하는 자세만 갖추면 지적인 후퇴는 방지할 수가 있다.

나 같은 사람은 강연이나 이야기를 하는 일을 오래전부터 계속해왔다. 옛날에는 선배 교수들을 따라다녔다. 강연을 하기보다 배우는 일이 더 많았다. 여러 해가 지나면서는 동료 교수들과 함께 다녔다. 그때가 가장 즐거웠다. 배우기도 하고 지식을 나누어주기도 했다. 정년 이후에는 후배 교수에게서 많이 배우곤 했다. 그런데 최근에는 제자였던 교수들과 같이 가는 때가 많다. 그래도 밀려나지 않고 동행하는 것은 나이 덕분이다. 한 살이라도 더 많은 사람이 세상을 더 넓게 보고, 모든 문제를 역사적으로 길게 보면서 평가하게 되기 때문이다.

연세대학과의 관계도 그렇다. 내가 연세대에서 처음 강의를 시작한 것은 1953년이었다. 시간강사로 시작했다. 31년 후에 정년퇴임하고는 특수대학원이나 대학 관계 기관 및 행사에서 강의나

강연을 했다. 금년^{2016년} 봄에도 고위 과정과 의과대학 교수들을
위한 강의에 참여했다. 그렇게 보면 63년간을 계속한 셈이다. 자
랑스럽기보다는 고마운 일이고, 고맙기보다는 감사한 부담이기
도 하다.

물론 건강이 유지되었고 여건이 채워진 때문이기도 하다. 그러
나 내 노력이 없었다면 불가능한 일이다. 내 노력은 다른 것이 아
니다. 계속 배우고 공부한 덕택이다. 지식에 대한 관심과 사회에
대한 문제의식을 갖고 있었기 때문이라고 생각한다. 32세부터 97
세까지 한 대학과 크고 작은 인연을 가졌다는 것을 감사히 생각
한다.

이렇게 사는 게 좋겠다는 모범

노년기의 지혜는 가능만 하다면 늙으면 이렇게 사는 것이 좋겠
다는 모범을 보여주는 책임이다. 나이 든 사람들은 젊은이들에
대한 불만이 적지 않다. 버릇이 없다든지 예절을 모른다는 말을
한다. 그러나 다시 생각해보면 젊은이들의 잘못보다는 우리가 그
들에게 선한 모범을 보여주지 못한 때문이다.

한 가지 예를 들어보면서 이야기를 마무리하기로 하자.

내 선배 교수가 중한 병으로 입원을 했다. 그 병세가 심했기 때
문에 이런저런 과거를 회상해보게 되었나 보다. 이번 병을 치유

258 • 5장 — 늙음은 말없이 찾아온다

할 수 있다면 좀 더 값있는 인생을 살고 싶다는 자기반성 비슷한 생각을 정리해보았던 것이다.

나를 만났을 때 하는 얘기였다. "만일 내가 건강을 회복하지 못하고 세상을 떠난다면 남는 가족 가운데 제일 마음에 부담이 되는 사람은 어린 딸들이다." 늦게 나이 차가 많은 부인과 결혼했기 때문에 두 딸은 아직 어린 편이었다. 그 딸애들이 갈 곳이 없고 탐탁한 직업이 없어 서비스 직업 중에서 식당이나 옛날에 다방 같은 데 취직을 했다고 상상해본 것이다. 그런데 연만한 남자들이 요사이 흔히 문제가 되는 성추행 같은 말을 하거나 행동을 한다면 어떨까 하는 생각을 해본 것이다.

오래전에는 상당히 점잖은 남자들도 색다른 식당이나 다방 같은 데 가면 여사장이나 어린 아가씨들에게 농담 섞인 성적 얘기를 스스럼없이 하는 일이 많이 있었다. 그런 과거를 경험한 사람이 노년기가 되어서도 그런 습관을 버리지 못하고 함부로 여성들을 대했다가 성추행으로 망신을 당하는 경우가 자주 있다.

내 선배 교수도 그와 비슷한 과거를 잘 알고 있다. 그러나 그것이 큰 잘못이라는 생각은 하지 않았다. 그런데 내 사랑하는 딸이 그런 환경에 처한다면 어떻게 될까 하는 상상을 했을 때는 그것이 잘못이었다는 것을 통감했던 것이다. 그래서 나에게 그런 과거도 허물없이 반성해보았던 것이다. 누구나 할 수 있고 해야 할 반성이었다.

그런 이야기까지 숨김없이 하다가 나에게 "김 선생 같은 이는 교회에 다녔기 때문에 우리와 달랐지만, 그 당시는 그런 것을 크게 잘못이라고 느끼지 못하고 살았지 않아?"라는 것이다. 그래서 나는 "교회에 다녀서라기보다는 대학에 다닐 때 여러 가지 아르바이트를 했는데, 아르바이트생들이 고생하는 직업을 귀중하고 장래를 위한 경험으로 인정해주는 이가 거의 없었다. 그런데 아르바이트생인 나에게 정중하게 다른 직장인과 마찬가지로 대해주고 내 인품과 인격을 자신의 아들같이 대해주는 사람을 보았을 때는 정말 존경스러웠다. 대학에서 교수님을 대하는 것 같은 존경심을 갖게 해주었다. 그래서 이다음에 나도 어른이 되면 어떤 직업도 소중하고, 성실하게 열심히 일하는 사람에게는 내가 대접을 받았듯이 존경하면서 살아보자. 세상에 천한 직업이 없다는 것을 서로 인정하고 어떤 직업에 종사하든지 인간적 대우와 인격적 평가를 주고받는 사회가 되어야겠다는 교훈을 얻었다."고 얘기한 일이 있었다.

내가 푸대접을 받았어도 상대방을 대접할 수 있는 인품, 모두의 인격을 고귀하게 대해줄 수 있는 교양, 그 이상의 자기 수양은 없을 것 같다.

취미생활의
즐거움

여러 해 전 일본에서 실시된 여론조사 내용을 읽은 일이 있었다.

60대 중반 여성들에게 어떤 사람이 행복한가를 물었다. 가장 불행한 사람은 아무 일도 없이 세월을 보낸 사람이었다. 행복을 느끼지 못하는 사람은 가족들과 더불어 세월을 보내고 옛날 친구들과 때때로 만나는 여성들이었다.

반면, 새로운 행복을 찾아 누린 사람은 세 가지로 나타났다. 공부를 시작한 사람, 취미활동을 계속한 사람, 봉사활동에 참여했던 사람들이다.

여성들이 그 나이가 되면 가정적 책임은 끝나게 된다. 시간의 여유도 생긴다. 앞으로 주어지는 세월을 아무 준비도 없이 지내면 결국은 공허한 삶을 살 수도 있다. 그러나 세 가지 중의 하나라도 계속한 사람은 보람과 행복을 누렸고 자녀들로부터는 존경을,

이웃과 더불어는 즐거움을, 사회적으로는 고마움을 받으면서 살았다는 것이다.

노후에는 일이 없는 사람이 가장 불행

아무 일도 없이 노년기를 보내는 사람은 불행하다. 남들이 사는 대로 나도 지내면 된다는 생각은 스스로의 인생을 책임지지 못하게 한다. 물론 한 가지 일을 70대, 80대까지 계속하는 사람은 행복하다. 그런 의미에서 학자나 예술가들은 축복받은 사람들이다. 학문이나 예술에는 정년이 없다.

내가 간접적으로 알고 지낸 한 화가는 60대 말쯤 되었을 때 치유되기 힘든 암 진단을 받았다. 그는 얼마 동안 고민하다가 결심을 했다. 병의 치료는 의사에게 맡기고 자신은 건강이 허락되는 때까지 그림을 그리자는 결단을 내렸다. 병고가 심해졌을 때는 의자에 앉기가 힘들어지니까 의자에 몸을 묶은 채로 가족들의 도움을 받아가면서 화폭에 그림을 그렸다. 옛날 같은 재능을 발휘하기는 힘들어도 혼이 배어 있는 그림을 그리고 싶었던 것이다. 나는 신문에서 그 장면을 보면서 화가다운 화가라는 존경심을 가지게 되었다.

노후에는 일이 없는 사람이 가장 불행하다. 그 일을 미리부터 준비해두자는 생각이다. 노후를 위해 경제적 준비를 하는 사람은 많다. 그러나 일을 준비하려고는 하지 않는다.

그래서 세 가지 즐거움 중의 하나는 선택해두는 것이 필요하다. 공부를 계속하는 즐거움은 경험해본 사람이 안다. 내가 연세대에 부임해서 2년쯤 있다가 정년퇴임한 한학자 장지영 선생이 있었다. 정년이 되면서 아드님에게 출퇴근할 방을 하나 제공받았다. 그리고 주중에는 대학에 출퇴근하는 때와 비슷하게 공부를 하곤 했다. 또 시간이 되면 난을 가꾸는 취미를 계속했다. 80이 넘을 때까지 계속했다. 난을 가꾸는 즐거움과 더불어 부수입도 약간 있었다고 전해 들었다. 그분은 공부와 취미활동을 병행했던 셈이다.

사실 따져보면 취미가 없는 사람은 없다. 시간의 여유만 있다면 하고 싶었던 취미생활을 제대로 해보라고 노후의 시간적 여유가 주어졌는지도 모른다. 그런 취미활동으로 전문직 때보다도 더 사회적 영향을 남기는 사람도 많이 있다.

마음 가는 대로 써본 글

내 경우도 그랬는지 모르겠다.

40을 맞이하게 되면서 내 친구들은 한두 가지씩 취미생활을 시작했다. 그림을 그리는 이도 있고, 음악 동아리에 참여하는 이들도 생겼다. 낚시나 등산을 함께 하는 친구들도 있었다. 나도 몇 친구들로부터 권유를 받기는 했으나 등산, 낚시, 바둑같이 많은 시간을 요하는 것은 불가능했다. 시간의 여유가 없었기 때문이다. 그림과 음악에는 관심도 두지 못했다. 음치인 데다가 손재간도 없었다.

몇 가지 생각을 정리하다가 수필이나 수상에 해당하는 글을 써보자는 방향으로 기울어졌다. 몇 가지 이유가 있었다. 그 가운데 한두 가지는 너무 딱딱한 학문과 사고에 얽매이는 것 같아 정서적 여유를 갖고 싶었다. 그리고 젊었을 때 책을 많이 읽었기 때문에 글을 쓰고 싶은 의욕을 갖고 있었다. 시나 소설 같은 전문적인 작업은 불가능했기 때문에 예술적 정취가 스며 있는 글을 쓰고 싶었다.

그래서 시작한 것이 오래 계속하다 보니까 마음의 한 자리를 차지하게 되었다. 그러나 전문가가 되겠다는 생각은 한 번도 해보지 못했다. 쓰는 동안에 즐거웠고 독자가 많아질 때는 행복하기도 했다. 그러나 수필가로서 사회적 평가를 받을 줄은 예상하지 못했다. 내 본업이 아니었기 때문이다.

지금은 철학자보다도 수필작가로 더 알려질 정도가 되었다. 내 철학책을 읽은 사람은 수가 적으나 수필과 수상집을 읽은 독자는 철학보다는 백배는 더 많을 것으로 생각한다. 학문적 가치를 따지기보다는 그만큼 사회에 도움을 주었다는 점에서 감사하고 있다.

도자기의 즐거움

수필을 쓰는 일이 궤도에 올라 시간적 여유가 생겼는가 싶은 50대가 되었을 때였다. 나 자신이 항상 부끄럽게 반성하는 일이 있었다. 나는 '한국적인 것'을 너무 모르고 살았다. 일제강점기 때 교육이 그러했다. 또 한다는 학문이 서양 사상이었다. 그보다도 나는 일찍부터 기독교 사회에서 신앙을 갖고 살았기 때문에 가장 소중한 '한국적인 것'을 공부할 기회도 없었고 체험하는 환경도 되지 못했다. 부끄러운 마음이기도 했다.

그러던 도중에 한 가지 길이 열렸다. 한국 회화를 보자는 생각이었다.

내가 일본에서 대학생활을 할 때, 미술관 식당에서 아르바이트를 한 적이 있었다. 그때 전시회가 있을 때마다 그림을 감상한 일이 있었다. 한국적인 것보다 일본 예술의 한 부분을 살펴보곤 했었다. 그런 과거가 있었기 때문에 한국적인 것에 가장 쉽게 접근하는 방법의 하나로 우선 국전과 대표적인 화가들의 전시회를 찾아 감상하는 방법을 택했다. 청전과 소정의 그림이 좋았다. 박수근의 그림에도 애착이 갔고 의제의 그림도 가까워지는 것 같았다. 그러다가 운보 김기창을 만나게 되면서 한국화의 전통을 조금씩 느끼기 시작했다. 간송미술관에서 많은 것을 볼 수 있어 다행이었다. 같은 동양화임에도 불구하고 일본과 우리 것은 완연히 구별되어 있음을 발견했다.

그러는 동안에 전통적인 화가보다는 문인화에 마음이 끌리기도 했다. 허소치의 그림이 그 효시가 되었는지 모르겠다. 그런 그림들을 보기 위해 인사동 일대를 많이 찾아다녔다.

문인화를 즐기는 동안에 우연히 민화에 정이 쏠리기 시작했다. 전통적인 회화나 문인화보다는 옛날의 민화가 가장 한국적이고 서민적인 데 흥미를 느꼈다.

김기창 화백이 좋은 민화 몇 점을 보여주기도 했다. 민화의 영역도 넓은 것을 알았다. 불화와 연결된 것도 있고 무속인들의 색다른 그림도 있었다. 한때는 민화를 찾아보기 위해 여러 박물관을 가보기도 했다.

그러다가 무엇이 계기가 되었는지는 확실치 않으나 옛날, 특히 조선왕조 시대의 도자기를 접하게 되었다. 그러면서 내가 찾아볼 수 있는 가장 한국적인 것은 도자기에 스며 있다고 확신하게 되었다. 무척 많은 도자기들을 찾아 감상했다. 고려청자보다는 조선왕조 시대의 백자들이 좋았다. 그중에서도 서민들이 사용하다가 남겨준 도자기들이 더욱 정들어 보였다.

인사동, 장안평, 청계천 등지를 시간만 나면 찾아다녔다. 15년 내지 20년 동안 한국적인 것을 찾아다닌 셈이다. 그러다 보니까 그림이나 도자기 이외의 한국적 예술의 유산에도 관심을 갖게 되었다. 그 15년 내지 20년 동안은 참 행복했다. 외국에 나가도 도자기에 대한 애착을 갖고 예술 감상을 하는 즐거움을 누렸다.

그러는 동안에 상품으로서는 뒷전으로 밀려 빛을 보지 못하는 것들을 수집하기도 했다. 나로서는 선조들이 사용하던 것이기 때문에 소중하나, 상품 가치는 낮거나 없는 것들이다. 그렇게 정들여 모은 것들을 몇 곳으로 나누어주다가, 강원도 양구에 근현대사박물관이 생기면서 한 공간을 얻어 기증하기로 했다. 서울에서는 대접을 받기 어렵고 고가의 명품도 아니기 때문에 시골 오지라고 볼 수 있는 양구에서는 사랑받는 소장품이 된 셈이다.

지금도 시간이 생기거나 일이 있어 양구에 가면 내가 기증한 도자기가 있는 방을 찾아간다. 호수 맞은쪽에는 안병욱 선생과 나를 기념하는 '철학의 집'이 있고 여러 해 전에 건축된 박수근 화백의 미술관이 있으나, 정들었던 도자기들이 있는 방이 내 방 같은 인상을 받는다.

구름 사진가가 되면 어떨까

앞으로 10년만 더 건강과 시간의 여유가 생긴다면 또 한 가지 하고 싶은 일이 있다.

나는 어려서 농촌에서 자랄 때부터 하늘의 구름들을 바라보는 것을 좋아했다. 그래서일까, 가난과 싸우며 고생스럽게 살면서도 거처를 마련할 때는 산이나 들이 보이는 곳을 찾아다녔다. 하늘과 구름을 보고 싶어서이다. 지금 내가 있는 방에서도 넓은 하늘이 보인다. 그리고 구름을 감상하는 즐거움을 누린다. 80여 년 동안 구름을 사랑하면서 살았다고 해도 과장이 아니다.

일본에 있을 때였다. 이시카와石川라는 젊은 시인이 불치의 병을 앓으면서 창문을 통해 하늘에 그려지는 구름들을 즐기다가 길지 않은 생애를 마감한 일이 있었다. 그가 "구름은 천재"라고 말했다. 구름만큼 아름답기도 하고 장엄하기도 한 그림을 그리는 이는 있을 수 없겠기 때문이다.

내가 하고 싶은 일이라는 것은, 사진 기술을 배워가지고 구름들을 찍어 사진으로 남기는 작업이다. 그런 작업을 한 사람의 사진첩이 있다면 구해서 보고 싶은데 아직은 구하지 못하고 있다. '하늘과 구름' 그 속에는 무한에 가까운 예술품들이 나타났다가는 사라지곤 한다.

'구름 사진가' 그런 예술가도 있었으면 좋겠다.

늙는 것은
누구의 잘못도 아니다

1961년 늦은 여름이었다. 미국 LA에 있는 YMCA에서 늦은 조반을 끝내고 쉬다가 인근 공원에 산책을 나섰다.

예상 못했던 광경을 보고 놀랐다. 늙은 할아버지들로 가득 차 있었다. 모두가 백인 노인네들이었다. 젊은이들도 없었고 어린이들도 보이지 않았다. 두세 명씩 모여서 이야기를 하는 이들도 있고 혼자 앉아서 멍하니 하늘을 쳐다보는 이도 있었다. 내가 지나가는 것을 본 노인들은 호기심 어린 눈으로 미소를 짓기도 했다. 백인 할아버지들은 얼굴에 주름살이 유난히 많아 보였다.

한 노인이 다가오더니, 어디서 왔느냐고 물었다. 한국 서울서 왔다고 했더니 전쟁을 겪었느냐고 물었다. 나는 북한이 고향인데 대한민국에서 전쟁을 치렀다고 설명해주었다. 옆에 있던 두세 명의 노인이 합세하면서 이야기들을 꺼냈다. 이제는 이곳을 빠져나

가야겠다고 생각하면서 자리를 피했다.

다시 YMCA 호텔로 돌아와 약속했던 김성락 박사를 만났다.

내가 늙은이들로 가득한 공원을 처음 보았는데 나도 늙으면 저렇게 되는구나 하는 생각이 들었다고 했더니, 이 공원 일대에는 노인네들이 머무는 양로원들이 있고, LA는 미국에서도 따뜻하고 건조한 지역이어서 여러 지역의 노인들이 모여든다는 설명이었다.

물건도 쓰다가 낡으면 버림을 받고 가축들도 늙으면 필요가 없어지듯이 인간도 늙으면 저렇게 버림을 받는구나, 하는 우울한 생각을 했다.

의식주의 문제는 국가와 사회가 보장을 해주는데 늙어서 버림받은 사람들의 인생을 대신 살아줄 사람들은 없다. 저렇게 앉아서 시간을 보내다가 급식소에 가서 점심을 먹고는 갈 곳도 없고 할 일도 없으니까 라디오나 TV를 보며 시간을 보낸다. 그 주변에는 노인네들을 위한 싸구려 영화관도 있고 여자들이 나체에 가까운 차림으로 춤을 추는 스트립쇼 공연장도 있다. 그곳에 가서 시간을 보내다가 잠들곤 한다. 그러는 동안에 1년에 몇 명씩 세상을 떠난다.

처음 미국에 와서 본 장면의 하나였기 때문에 늙음이 참 쓸쓸하고 비참하다는 느낌이 들었다. 우리도 언젠가는 저렇게 버림받게 되는가 싶기도 했고 우리나라에서도 찾아보게 될 현상이라는 생각을 했다.

물건을 쓰다가 낡으면 버리듯이

20년쯤 지난 후였다. 아내의 병 치료를 위해 한 여름방학을 미국 남부에서 보냈다. 사위가 의사로 있으면서 노인네들이 수용되어 있는 양로병원을 일주일에 두 번쯤 가서 건강을 보살펴주는 일이 있었다. 그때 두세 차례 따라가서 어떤 환경인가를 살펴보았다.

50~60명 되는 노인 환자들이 입원해 있었다. 시설이나 의료 혜택은 잘되어 있었다. 시간표에 따라 여러 가지 행사가 준비되어 있어서 원하기만 하면 지루한 시간은 없을 것 같았다. 걸어 다니는 사람들은 지팡이를 짚은 이가 많았고 휠체어에 의탁하고 있는 할머니들도 있었다. 가족들이 찾아와 함께 시간도 보내고 식사도 같이 하고 있었다. 물어보았더니 7:3 정도로 할머니들이 대부분이었다.

자주 보던 광경이 아니었기 때문에 저렇게 모든 시설을 갖추고 있어도 행복한 것은 아니라는 생각이 들었다. 누구도 부정할 수 없는 불행은 소외감과 고독이었다. 사회에서 밀리고 밀려 이곳까지 왔다는 생각이 들었고 모두가 외로워하고 있다는 사실은 숨길 수 없었다. 그런 세월이 너무 길어지는 것보다는 소외와 고독에서 벗어나야겠다는 생각이 더 절박한 것 같았다.

우리 주변에서도 비슷한 현상이 나타나는 것 같다.

사회적으로 잘 알려진 내 친구가 정년퇴직을 하면서 수원 부근에 있는 양로시설로 갔다. 두 내외가 조용한 여생을 보내고 싶어서였다. 처음에는 편한 것 같았다. 의료시설이 갖추어져 있었고 산책과 건강을 위한 시설도 충분했다. 식사는 물론 머무는 방도 호텔과 마찬가지였다. 그런데 식당이나 복도에서 만나는 사람 모두가 늙은이들과 환자에 가까운 피보호자들이었다. 젊은이들은 물론 장년들조차도 보이지 않았다.

내 친구 내외는 2, 3년 후에 그곳을 나왔다. 그 조용하고 하는 일이 없는 분위기가 더 빨리 늙음을 재촉하는 것 같았다고 한다. 나와 다른 친구들을 만나면서 하는 말이 갈 곳이 못 된다는 얘기였다.

누구도 그렇게 되지 말라는 법이 있는가

늙는 것은 내 잘못은 아니다. 가만히 있어도 세월은 흐르게 되어 있다. 그런데 사회는 그 늙음을 바라지 않는다. 그래서 옛날부터 경로당이 생겼다. 그 노인네들은 그래도 좋았다. 경로당에 나왔다가는 집으로 돌아와 가족들과 더불어 식사도 하고 함께 지낼 수 있었으니까.

갑자기 오래전 겪었던 일이 생각난다. 여의도에서 전국의사협회의 모임이 있었다. 강연을 맡아 사회자와 함께 연단에 앉아 있었다. 그런데 양복도 깨끗이 차려입은 노인이 청중들이 모여 있는 강당 여기저기를 살펴보더니 강단 앞까지 왔다가 옆문으로 나가버렸다. 그때 내가 놀란 것은 그분이 바로 우리나라 의학계의 원로인 Y박사였다는 사실이다. 옆에 앉아 있던 사회자에게 어떻게 된 일이냐고 물었더니, 치매가 심해서 의사협회 모임이 있다는 소식을 듣고 오셨다가 당신 자리가 없으니까 돌아가는 것 같다는 설명이었다.

누구도 그렇게 되지 말라는 법이 있는가? 나도 언젠가는 그렇게 될 수 있다.

사회 지도층에 있던 사람들도 그러한데 하물며 일반 서민들의 늙어감이야 더욱 가정과 사회의 부담이 될 수밖에 없다.

늙은 할아버지나 할머니 때문에 자녀 교육을 걱정하는 부모들도 있다. 아들딸들을 그렇게 키워선 안 되겠는데 나이 많은 부모를 나무랄 수도 없고, 아들딸들에게 할아버지·할머니의 얘기를 듣지 말라고 가르칠 수도 없다. 내가 어려서 할머니에게 배운 것들을 회상해보면 배우고 따라야 할 것들보다는 해로운 면이 더 많았던 것 같다. 그런데 내 할머니는 그것이 사랑하는 손자를 위한 최선의 방법으로 믿고 있었다.

옛날에는 치매에 걸린 노인네들을 노망했다고 말했다. 가정마다 연로한 조부모가 있으면 노망한 노인네가 있기 마련이었다. 치매까지는 아니더라도 자녀들과 손주들에게 어려움과 고통을 안겨주는 노인들이 많았다. 70이 넘으면 대부분이 그러했다.

그뿐만 아니다. 직장이나 사회생활에서도 그렇다.

대학에 있을 때였다. 교수회가 있게 마련이다. 회의를 진행하다 보면 원로 교수로 자처하는 늙은이들 몇이서 회의시간을 다 차지해버린다. 후배 교수들이 좀 새로운 발언을 하면 못마땅한 듯한 표정으로 외면한다. 더 늙어 사회에 나오게 되면 그런 습관이 더 심해진다. 우리 주변에서는 모르는 사람이 없을 정도로 유명했던 교수가 있다. 장관도 지냈다. 지금은 80대 전후일 것 같다. 그 교수는 어떤 회의에 나가면 혼자 처음부터 끝까지 발언을 한다. 그래서 동석했던 사람이 미리 빠져나가기도 한다. 늙기 전에는 그렇지 않았다.

늙으면 여러 가지를 삼가게 된다.

나는 가까운 사람이나 제자들이 세상을 떠나면 문상을 안 갈 수도 없고 가기도 어색해지는 때가 있다. 그래서 문상객이 적은 시간에 다녀오기도 한다. 한번은 가까운 친구가 세상을 떠났을 때였다. 상주와 가족들에게 인사를 하는데, 친구 부인이 "저렇게 건강하신 선생님도 계신데……."라고 말하는 것을 들었다. 내 친구도 90을 앞두고 있었으나 부인은 아쉬운 생각이 들었을 것이다. 그래서 연하의 상가에는 보통 가지 않는 것으로 한다.

나이 자랑 건강 자랑

늙으면 필요 없는 자랑을 하길 좋아한다. 아직은 늙어 버림받지 않고 있다는 잠재적 반증일지도 모른다.

그러면서도 젊은 사람들이나 후배들이 있는 곳에 가면 은근히 나이 자랑을 한다. 대접을 받고 싶기도 하고 상좌로 안내받기를 원한다. 90이 넘은 노인네들은 '내 나이를 몰라봐?'라는 눈짓을 하기도 한다.

늙은이들은 기회만 있으면 건강 자랑을 한다. 날로 쇠약해지는 건강을 과시함으로써 아직 건재하다는 것을 보여주고 싶어 한다. 나도 겉으로는 아닌 듯하면서도, 나는 아직 지팡이를 짚고 다니지는 않는데, 라는 위안을 받는다. 그만큼 자기 건강에 관심이 많다는 증거다.

정년퇴직을 한 사람들은 동료나 후배들에게 나는 아직도 일하고 있다는 자랑을 한다. 이전만은 못하지만 아직은 사회의 폐물이 아니라는 것을 보여주고 싶은 것이다. 또 다른 사람들이 일하는 것을 보면 부러워지는 것이 노인들의 솔직한 심정이다.

전에는 그렇지 않던 사람이 늙으면 집안 자랑도 심해진다. 남자들은 아들 자랑보다는 딸이나 손주 자랑을 많이 한다. 자기 자랑은 할 것이 없으니까, 그런지도 모른다. 얼마 전에 한 모임에 나갔다. 아직 다 모이지 않아 네 사람이 먼저 와 기다리던 때였다. 90

이 다 된 저명인사다. 국회의장도 지낸 것으로 기억하고 있다. "집안 자랑을 하는 것은 철없는 짓이라고 하지만, 나는 집안 자랑을 하나 할 일이 생겼어. 내 손자놈이 미국 ○○○대학의 교수가 되었다니까."라는 것이다. 미국에서도 초일류 대학의 교수가 된 것이다. 내가 옆에 있다가 "그런 자랑은 해도 괜찮아. 누가 듣든지 그 교수가 아버지 닮았다고 그러지 할아버지 닮았다고는 생각지 않을 테니까."라고 농담을 했다. 그 친구도 이전에는 누가 손주 자랑을 하면 "찾아보면 그런 가정이야 얼마든지 있지."라면서 침묵을 지켰을 정도로 점잖은 편이었다.

장년기에는 이성과 감정이 균형을 갖춘다. 그래서 지혜로운 사람들은 먼저 생각하고 감정을 노출하며 행동을 한다. 그런데 늙으면 이성 기능이 약해지고 감정은 그대로 남아 있으니까, 감정 조절을 잘하지 못한다. 아무것도 아닌 것을 가지고 화를 내기도 하고 충격을 받기도 한다.

내 선배 교수 한 사람은 비원 앞 길가 공터에서 남녀가 서로 껴안고 앉아 있는 것을 보고 그러면 안 된다고 훈계를 했다. 한참 걸어오다가 보니까 그 남녀가 또 전과 같은 모습을 하고 있었다. 다시 찾아가서 책망을 하다가 뇌출혈을 일으켜 병원으로 옮겨져 수술을 받았으나 옛날로 돌아가지 못하고 대학의 중책을 떠나는 일까지 있었다.

그래서 연로한 부모들 앞에서는 좋은 얘기만 하고 걱정거리는 숨겨두는 경우가 생긴다. 늙으면 자기 생각과 같으면 모든 것이 옳고, 자신의 생각과 다르면 아니라고 본다. '그래도 내가 나이라도 한 살 더 먹었는데!'라고 화를 내기도 한다. 지적 수준과 교양이 낮은 사람들은 더 심한 변화를 가져온다. 자녀들까지도 부모님 연세가 높아지니까 모시기가 힘들어진다고 말한다.

너무 우울한 노년기 얘기에 치우쳤는지 모르겠다. 그러나 이런 현상들은 본인의 잘못이기보다는 세월의 탓이다. 강물이 흘러야 하듯이 세월은 흘러갈 수밖에 없는 것을 어떻게 하겠는가.

'저 어른같이 늙었으면 좋겠다'

몇 해 전에 미국에 갔다가 선배 교수인 C선생을 찾은 일이 있었다. 그때 그분은 95세였다. 아드님과 함께 조용한 식당에서 만났다. C선배는 처음부터 끝까지 흐트러지지 않은 자세로 나를 대해주었다. 혹시 후배에게 실수를 할 것 같아 조심을 하는 눈치였다. 오래전에 뵈었던 존경스러운 스승 그대로였다.

내가 작별 인사를 나누고 아드님에게 아버님이 조금도 변함이 없으시다, 고 했더니 손아래 가족들을 대하는 자세도 이전과 다름없이 다정하시고, 외부 손님들을 만나면서도 저렇게 정중하시다는 얘기였다. 그러면서도 몸에 밴 자유스러움이 역력했다.

나도 저 어른같이 늙었으면 좋겠다는 생각을 해보았다.

사람이 나이 들수록 나무가 높이 자라듯이 지혜롭게 자라야겠다. 그래서 다른 사람들과 세상 사물을 대할 때 좀 더 높은 위치에서 볼 수 있다면 좋겠다.

그리고 더 중요한 것은 후배나 제자들을 진심으로 위하고 사랑하는 마음을 갖고 대해야겠다는 교훈을 얻었다. 나이 들었다는 것은 손아래 사람들을 위해주라는 뜻이다. 사랑하고 위해주는 마음이 있으면 실수와 부족한 점이 있더라도 존경과 감사의 대상이 되는 것이다. 나는 내 은사 한 분이 나에게는 얘기를 하지 않고 이전과 같이 대해주었으나 내 친구에게는 "김 교수가 부인이 너무 오래 병중에 있다가 세상을 떠났기 때문에 마음의 상처를 받지 않아야겠는데……."라고 걱정해주셨다는 얘기를 전해 들었다. 그렇게 고맙고 감사할 수가 없었다. 말하지 못하는 사랑이 있기 때문이다.

나이 들수록 더 많은 사람들을 위하고 사랑하는 마음을 갖고 대할 수 있다면 그것이 존경받는 노년기 인생이 되는 길이라고 믿는다.

인촌 김성수 선생이 병중에 계실 때 새해 인사를 드리러 심형필 교장과 같이 간 일이 있었다. 투병 중에 계셨던 선생이 "김 선생, 새해 첫날인데 우리 국가와 민족을 위해 기도드릴까요?" 하셔서 눈물 어린 기도를 함께 드린 일이 있었다. 그 마음 때문에 지금도 그분에 대한 존경심을 지니고 있다.

노년기에는
존경스러운 모범을

내 아내가 발병하고 2, 3년 지났을 때였다. 친구인 C교수가 내 방에 들렀다.

한 가지 충고라고 할까, 도움이 되는 얘기를 하고 싶다는 것이다.

C교수의 아내가 밖에서 두세 차례 내 모습을 보았는데 한마디로 말하면 홀아비 냄새가 난다는 것이다. 아무리 안사람이 병중이고 위독하다고 해도 교수도 공인인데, 또 젊은 학생들 앞에 서야 하는데 남이 보아도 안됐다는 얘기였다. 내 친구는 같은 남성이니까 느끼지 못했지만, 여성들의 눈으로 보았을 때는 내 모습이 너무 초라해 보였던 모양이다.

나는 친구에게 고맙다고 인사를 하면서 부인에게도 충고에 따르겠다는 얘기를 해달라고 말했다.

그리고 보니까 혼자된 선배나 친구들을 보았을 때 나도 비슷한 느낌을 받곤 했다. 신과대학 교수였던 유 교수도 상배한 후에는 눈에 띌 정도로 초췌해 보였다. 내 아내는 좀체 회복될 가능성이 희박했기 때문에 내 모습이 더욱 초라해 보였을 것이다. 제자들 앞에 섰을 때는 물론이지만 강연에 초청을 받았을 때는 더욱 내 책임이 중했을 것이다.

그래서 제일 먼저 관심을 갖게 된 것이 옷차림이었다. 될 수 있는 대로 깨끗하게 비교적 밝고 젊어 보이는 모습을 따르기로 했다. 그것이 계기가 되었을까, 옷에 대한 안목은 좀 높아진 셈이다. 아내가 보아주지 못하게 되면서 예전에 무관심했던 때와는 달리 신사다운 면모를 갖추려고 노력했다.

지금은 그 점에 있어서는 자랑거리는 못 되지만 합격 점수는 얻은 셈이다. 내 친구들과 비교해보면 내가 앞선 것 같은 인상을 받고 있다.

요사이는 밖으로 나갔다가 후배 교수들을 만나면 옷을 좀 잘 입고 다니면 어떻겠냐고 얘기해준다. 늙은 것도 서러운데 외모까지 초라해지면 어떻게 하는가 싶은 동정심을 가져도 본다.

십몇 년을 그렇게 살다 보니까 이제는 옷차림이나 모든 면에서 60대 신사로 보이자는 욕심을 내보기도 한다. 누구를 위해서라고 물으면 나 자신보다도 보는 사람들을 위해서이다. 오래간만에 만나는 외손녀들이 "우리 할아버지가 아빠보다 더 멋지다."라고 말한다. 그러면 나는 본래부터 할아버지가 멋쟁이였단다, 라고 말해 웃곤 한다.

여성들의 아름다움은 사회를 아름답게 만든다. 늙은이들의 젊은 옷차림은 사회를 더욱 젊고 활기차게 만들어준다. 옷을 잘 입는 신사 축에는 끼지 못해도 인품을 떨어뜨리는 옷차림은 하지 않아야 한다.

표정은 밝게 얼굴엔 미소를

또 한 번의 얘기가 있었다.

내가 상배하고 1년이 좀 지났을 때였다. 중·고등학교 동창 셋을 만났다. 모교에 갔다가 자리를 함께한 것이다. 한 친구가 "형석형을 오래간만에 만났는데 우리 고향 정취가 풍기는 식당으로 가점심이나 같이 하자."고 제안했다. 송추에 있는 평양면옥까지 갔다. 평양식 상차림 그대로였다. 옛날이야기를 나누다가 김 이사장과 둘이 차에 남게 되었다. 그 친구가 "사실은 김 형이 상배하고혼자되었고 20여 년이나 뒷바라지에 고생했을 것 같기도 해서 위로를 겸한 점심을 같이 했는데, 오늘 대하고 보니까 홀아비가 되었다는 흔적은 없는데…… 김 형의 특징은 잔잔한 미소이고 얘기할 때는 웃음을 잃지 않곤 했는데 오늘 보니까 옛날 그대로야. 보기 좋아."라는 것이었다.

나는 친구들이 보여준 우정에 감사하면서도, 내가 힘들고 어렵다고 해서 다른 사람들에게 감사와 즐거움을 주지 못한다면 좋지 못하다는 생각을 갖고 지낸 것이 어느 정도는 인정을 받은 것 같아 마음이 편했다.

내 후배인 황광은 목사가 있었다. 심장병으로 오래 견디기 힘들 것이라는 진단을 받고 있을 때였다. 교회 일도 중단하고 부인은 물론 자신도 여생이 얼마 남지 않았다는 사실을 인정하고 있을 때였다.

한 친구가 나에게 시간이 있으면 황 목사가 세상을 떠나기 전에 한번 가보라는 권고를 했다. 여러 가지를 고려하면서 병중에 있는 황 목사를 찾아 만났다. 나를 본 황 목사가 "김창걸 장로가 한번 들르라고 얘기했나 보다. 내 건강은 아직 괜찮아. 의사보다야 내가 내 병에 대해서 더 잘 알지. 김 교수도 사모님 병 수발을 해보아서 잘 알지 않아? 좀 쉬다가 회복이 되면 또 교회 일을 도와야지. 내 건강에 대해서는 걱정하지 마세요."라면서 반겨주었다. 그러나 그 목소리로 보아 건강이 좋은 편은 아니었다. 긴 시간 부담을 줄 수 없어 인사를 끝내고 나서는데 "한 달쯤 후에 우리 평양냉면이나 같이 하러 가십시다."라는 것이었다.

내가 김 장로에게 "내가 보기에는 힘들어 보였는데 자기는 그렇게 생각지 않는 모양"이라고 했더니, "우리 목사는 자기가 오래 견디지 못할 것을 알고 있으면서도 누구에게나 걱정을 끼치지 않으려고 노력한다."면서 사모님은 다 알고 있다고 말했다.

황 목사는 내가 다녀온 지 2주일 후에 우의동의 요양시설로 갔고 또 두 주간이 지난 후에 세상을 떠났다. 남을 기쁘게 해주는 것이 목사의 책임인 듯이 지냈다는 얘기들이었다.

그런 친구들을 보면서 지냈기 때문에 그랬을지 모른다. 나도 항상 미소와 온화한 모습을 잃지 않기 위해 스스로를 반성해보곤 한다. 요사이는 웃음운동을 하는 이들이 있다. 억지로라도 웃으면 그 웃음이 즐거움으로 변하고 성격도 명랑해진다고 말한다.

내가 고맙게 기억하는 것 한 가지가 있다.

연세대학에서 정년퇴임식이 있을 때였다. 송별사를 하는 안세희 총장이 "김형석 선생이 우리 곁을 떠나게 되면 그 언제 어디서나 보여주시던 잔잔한 미소를 다시 못 볼 것 같아 서운하다."고 말했다. 나도 감사히 받아들였다. 그 고맙게 여겨주는 모습을 오래 간직하고 싶은 마음을 다짐해본다.

그런 것이 노년기의 모습이었으면 좋겠다.

내가 먼저 "고맙습니다"

여러 해 전 일이다.

서울의 남산 순환도로에서 택시를 기다리고 있었다. 잠시 뒤에 미국의 젊은 대학생 같은 남녀가 올라왔다. 그들도 택시를 타려는 참이었다. 빈 택시가 오다가 내 앞을 지나 그 미국 학생들 앞에서 정차했다. 나는 할 수 없이 다음 차를 기다려야 했다.

그런데 그 남학생이 나에게 "택시를 기다리셨지요?"라고 물었다. 그렇다고 했더니 그 두 학생은 기사에게 우리보다 저분이 먼저 기다렸다면서 양보해주었다. 내가 다가갔더니 남학생이 택시 문을 열어주면서 먼저 타라는 것이다. 내가 탄 후에 문을 닫아주었다. 나는 고맙다고 인사를 했고 택시는 떠났다.

잠시 후에 택시기사가 나에게, 외국에 가면 젊은 친구들이 다 저렇게 택시를 타느냐고 물었다. 나는 그 사람들은 무조건 순서대로 타니까 먼저 온 사람을 보면서 자기가 타는 일은 없다고 설명했다. 그 기사도 15년 동안 운전을 했는데 오늘과 같이 어른 대접을 하는 것은 처음이라고 말했다. 그 당시만 해도 경쟁적으로 택시를 빼앗다시피 하면서 타던 때였다.

그날 나는 좀 색다른 생각을 해보았다. 우리는 흔히 젊은이들이 버릇이 없다고 말한다. 예절을 가르쳐주어야 한다고도 주장한다. 최근에는 인성 교육이 필요하다고 누구나 걱정한다.

그러나 문제는 거기에 있는 것이 아니다. 우리 어른들이 모범을 보여주지 못했던 것이다. 우리 청소년들만 나무랄 필요가 없다. 우리 젊은이들은 보고 배운 것이 없었던 것이다. 젊은이들을 탓하기 전에 우리 자신부터 달라져야 하는 것이다.

그 일이 있은 다음부터 나는 버스나 택시를 타고 내릴 때는 반드시 기사들에게 인사를 한다. "고맙습니다."라든가 "수고하십니다." "좋은 하루 보내세요."라는 간단한 인사다. 그 기사들이 불친

절하다든가 불만스럽다고 불평하기 전에 나부터 친절해지고 고마운 마음을 보여주겠다는 생각이다.

사실 교통부장관 때문에 기쁘다거나 즐거움을 얻는 경우는 없다. 그러나 나같이 대중교통을 이용하는 사람들에게는 기사분들 덕분에 편하고 즐거움을 나누는 일은 얼마든지 가능하다. 생각해보면 우리가 그분들에게 감사의 뜻을 갖고 대해주지 못하는 것이 잘못이었던 것이다.

사회생활의 여러 분야에서 좀 더 나이 든 사람들이 후배들에게 보여주어야 할 모범은 얼마든지 있다. 그것이 바로 우리 자신을 위한 책임이기도 한 것이다.

누구 곁으로
가야 하는가

내 인생의 처음, 그리고 가장 오랜 동반자는
어머니였다. 결혼을 하기 전까지는 물론이고, 30대 중반부터는
어머니를 모시고 40여 년을 살았다. 부친이 북한에서 월남할 수
없었기 때문이다. 결혼 후부터는 아내가 내 인생의 가장 가까운
동반자가 되었다. 60년 가까이 옆에 있었다. 형제들도 있었으나
성장하면서는 모두 독립해 떠났다. 내 아들딸들도 결혼하면서는
부모 슬하를 떠나 자기네 살림들을 꾸렸다. 아들 둘은 결혼을 하
고 2년씩은 한집에 살았으나 2년 후에는 새 살림을 차리곤 했다.
딸 넷은 20대 후반기 모두 결혼을 했고 자연히 시가로 떠나갔다.

"집이 비어서 어떻게 하지……"

그렇게 많아 보이던 가족이 다 흩어지고 마침내는 내가 모친과

아내를 이끌고 집을 옮기기로 했을 정도로 한적한 가정이 되어버렸다. 딸 셋은 미국에 살고 두 아들과 한 딸은 서울에 살고 있다. 60이 넘으면서부터는 아내마저 간병치료를 받아야 했으니까 90이 넘은 모친과의 대화가 전부일 정도로 우리 집은 노인정으로 변하고 말았다.

눈에서 멀어지면 마음에서도 멀어진다는 속담이 있다. 한 지붕 밑에 있을 때는 조용한 시간이 아쉬울 정도로 번잡했는데 셋이 되고 나니까 얘기를 나눌 상대도 할 이야기도 줄어들고 말았다.

내가 76세 때 모친이 세상을 떠났다. 운명하기 2개월 전쯤이었을 것이다. 모친은 당신이 정신적으로 쇠약해지기 전에 맏아들인 나에게 유언을 겸한 이야기를 나누고 싶었던 것 같다.

조용한 아침시간이었다. 햇살이 밝게 비쳐 들어오던 기억이 남아 있다.

"아무래도 내가 먼저 떠나야 하겠고 또 그렇게 되기를 원했다." 라면서 차분히 이야기를 이어갔다. 그 마음을 나는 짐작하고 있었다. 늙은 어머니가 며느리를 먼저 떠나보내는 일은 없어야겠다는 모친의 소원이었던 것이다.

"그런데 내가 먼저 가고 네 처도 오래지 않아 내 뒤를 따라올 텐데…… 큰아들 집으로 가는 것이 옳겠지만, ○○엄마의 성격이나 해야 할 일들을 보아 그리로 가면 네가 편하지 못할 것 같다. 둘째 아들 옆으로 가는 것이 어떨까 하는 생각도 해보았다. ○○엄마가 의사니까 건강을 돌보아줄 것 같기는 한데 둘이 다 바쁘고 손주들도 있어 걱정이고, 둘째 집으로 가면 혹시 형제간의 사이가 멀어질지도 모르겠다. 그렇다고 사돈들이 한집에 살고 있는 딸네 집으로 갈 수도 없고……"라는 걱정이었다.

어머니가 혼자 남을 늙은 아들을 위해 근심했던 것이다. 내 얼굴을 살피면서 "혼자 지낼 수도 없고……"라면서 말끝을 멈추었다. 모친은 아마 내가 "가능하면 재혼이라도 해야겠지요?"라고 말하기를 기대했던 것 같다.

내가 "어머니, 그런 걱정은 하지 마세요. 그보다 힘들고 어려운 일을 얼마나 겪었는데요……"라고 했더니 "오래전에 1년 동안 네 처를 간병해주던 아주머니는 그다음에 아무 소식도 없지……?"라고 물었다. 그 아주머니는 대학을 나온 정숙한 부인이었다. 아내를 위해 1년 남짓한 기간을 자진해서 도와준 간병인이었다. 내가 "그 아주머니는 아들딸들을 위해 가정으로 돌아간 지 오래되었어요."라고 설명해드렸다. 어머니는 내가 혼자되더라도 재혼은 안 할 뜻인 것으로 마음을 굳힌 듯싶었던 모양이다. 또 병중에 있는 며느리를 두고 그런 걱정을 하는 것이 도리에 어긋나는 것으로 보였는지도 모른다. 어머니는 한참 말씀이 없으시더니 "나까지 떠나가면 집이 비어서 어떻게 하지……." 그러고는 더 말씀을 하지 않았다.

두 달쯤 후에 어머니는 우리 곁을 떠났다. 그리고 7년 뒤에는 아내도 세상을 떠났다.

나 혼자 남았다.

"집이 비어서 어떻게 하지……?" 갑자기 어머니의 말이 떠올랐다.

며칠 동안 어떻게 할까를 고민해보았다.

얻은 해답은 혼자 지내기로 했다. 내 나이도 80을 넘기고 있었으니까.

법과대학의 후배 교수인 이근식 선생을 만났다.

"김 선생님, 아무 걱정도 마세요. 내가 혼자되고 고민하다가 와이프가 하던 일을 내가 하면 되지 하고 시작했더니, 밥 짓고 요리하는 것, 빨래하는 것, 청소하는 것, 그것들이 아무것도 아니데요. 3개월을 하고 나니까 아무 불편도 없어요. 나머지 시간은 내가 하고 싶었던 공부도 하고 지난봄부터는 하루건너 한 번씩 안산을 오르내리는 등산도 시작했어요. 80이 넘었으니까 재혼을 할 수도 없고……, 누가 오겠어요? 단념하는 편이 좋지. 김 선생님도 단독주택을 처분하고 저와 같이 아파트로 옮기세요. 그러면 훨씬 편하고 자유로울 겁니다. 여자들도 혼자 사는데 남자라고 못 살 리없지요. 이제는 자식들 집에 들어갈 생각은 안 하기로 했어요. 애들도 바라지 않고……."라는 동정 어린 충고를 해주었다.

그렇게 장담하던 이 교수도 3년 후에는 대학에서 보내준 명예교수 명단에서 빠져 있었다. 세상을 떠났다는 뜻인 것이다. 자세한 내용은 묻지 않았다.

'아마 외롭고 힘들었을 것이다.'라는 생각이 떠올랐다.

선배의 첫사랑

몇 안 되는 중·고등학교 동창들이 모였을 때였다. 모두 늙어 있었다. 홀아비가 된 친구도 있었다. 한 친구가 우리 선배인 정 박사 얘기를 들었느냐고 했다. 무슨 얘기냐고 물었더니, 정 박사가 캐나다에서 정년퇴직을 하고 한국으로 왔다. 조국을 위해 도움을 주고 싶었던 것이다. 한신대 총장도 맡아주었고 건국대학에서도 봉사했다. 그러는 동안에 부인이 세상을 떠났다. 할 수 없이 캐나다의 빈집으로 돌아가기로 했다. 입양한 딸은 독립해 살고 있었으니까.

캐나다 집에 도착해 2, 3일이 지났을 때였다. 전화가 왔다. 받았더니 여자의 목소리였다. 누구시냐고 물었더니 "목사님, 제 목소리도 기억하지 못하세요. 저 ○○예요." 정다운 목소리였다. 웬일이냐고 물었다. "이제는 사모님도 돌아가시고 혼자 오셨지요? 앞으로 어떻게 하실 작정이세요?"라고 걱정하는 전화였다. 그러지 않아도 어떻게 할 것인가 생각 중이라고 대답했다. 여자는 "큰일이네요. 며칠만 기다리세요. 제가 짐을 꾸려가지고 갈게요."라면서 전화를 끊었다.

우리가 그 여자가 누구냐고 물었더니, 말을 꺼낸 친구의 설명이다. 정 박사 부친이 함흥교회에 목사로 있을 때였다. 젊은 대학생인 정 박사의 제자였던 어린 여학생이 정 박사를 사모하고 있었다. 그러나 부친은 목사인 내가 시무하는 교회 장로의 딸과 가까워지거나 오해를 받는 일이 생기면 안 되니까, 아들인 정 박사에게 너에게 주어진 신앙적 책임만 다하라, 고 두 사람의 거리를 차단했다. 그래서 정 박사는 일본서 대학을 마치고 캐나다로 유학을 떠났고 그 여학생은 서울로 와 대학을 끝냈다. 후에 여학생은 결혼을 했고 남편과 같이 미국으로 건너가 지내다가 남편이 먼저 세상을 떠났기 때문에 혼자 지내고 있었다. 그러면서 정 박사에 관한 소식은 자주 전해 듣고 있었다. 그랬다가 정 박사가 혼자 빈집으로 돌아온 것을 알고 며칠 전부터 전화를 걸곤 했던 것이다.

그래서 우리가 그다음에는 어떻게 되었느냐고 물었더니 "어떻게 되긴 어떻게 돼, 그렇게 살게 된 거지."라는 그 친구의 얘기였다.

듣고 있던 우리들은, 거 참, 그렇게 되었으면 얼마나 좋을까, 라면서 부러워했다.

한 친구가 "강 형은 그런 첫사랑도 없었어?"라면서 웃었다. 강형은 미국에 살다가 혼자되어 한국의 딸 집에 와 머물고 있었다. 강 형도 "그럴 줄 알았으면 첫사랑이라도 만들어두는 건데."라면서 웃었다.

"미스 박이 보고 싶은데……"

어색한 질문을 받은 일이 있었다.

50대 후반의 부인들이 얘기를 하다가 한 사람의 얘기에 관심이 쏠렸다.

어떤 아버지가 20년 전에 혼자되었을 때였다. 큰딸에게 "아들 집에 가고 싶은 생각 없으니까 너희들 다섯이서 매달 돈을 모아서 나를 도와라. 그러면 나는 혼자 독립해 살겠다."고 제안했다. 큰딸이 중심이 되어 그렇게 해드렸다. 아버지는 남한산성 밑에 있는 조용한 곳에 셋방을 얻고 혼자 지냈다.

얼마 후에 아버지는 병을 얻어 할 수 없이 전주에 있는 둘째 아들 집으로 들어갔다. 도움이 필요했던 것이다. 2년쯤 지나 건강이 좋아지니까 다시 큰딸에게 이전같이 살고 싶다면서 그렇게 해달라고 간청했다. 아버지는 아내 대신 큰딸에게, 어머니는 아버지 대신 큰아들에게 상의하고 의존하는 것이 보통인 것 같다.

그렇게 해서 아버지는 옛날 살던 고장에서 자기 나름대로의 규칙적이지만 자유로운 생활을 계속했다. 기상시간, 조반식사, 청소, 산책, 점심에 가 먹는 식당, 식사 후에 들르는 커피숍 등 모두가 불만스럽지 않았다. 군생활에서 얻은 생활습관이었던 모양이다.

상당히 긴 세월을 그렇게 지내다가 길 위에서 넘어져 후유증이 심해졌다. 할 수 없이 가족들이 서울 남쪽에 있는 요양병원으로 입원을 시켰다. 그러고는 딸 셋과 며느리들이 교대해서 들러 뒷바라지를 했다. 팔순이 되었기 때문에 입원은 장기화될 수밖에 없었고 어느 정도 노환 증세도 나타나기 시작했다. 어쩌면 그 요양병원이 마지막 인생의 정거장이 될지도 모르겠다는 예감이 들었다. 본인도 그랬으나 가족들도 그 채비를 갖추는 것 같았다.

하루는 작은딸이 병간호를 하고 있었는데 아버지가 잠꼬대를 하면서 "보고 싶다."는 말을 하고 있었다. 잠이 깬 후에 딸이 "아버지, 어머니가 보고 싶으시지요?"라고 물었더니, "어머니가 떠나간 지 20년이나 되는데 보고 싶은 생각은 없어진 지 오래다." 하는 것이다.

"그러면 군대에 같이 있던 친구분들이 보고 싶으세요? 훈장을 차고 나가시기를 좋아하셨는데……"라고 물었더니, 아버지는 "이 나이에 친구는 무슨 친구? 생사도 모르고 있는데……"라는 것이다. "그러면 누가 그렇게 보고 싶으세요?"라고 또 물었다. 아버지는 "보고 싶긴 누가 보고 싶어?"라면서 시치미를 떼는 것이다.

작은딸이 큰언니한테 그 얘기를 하면서 아버지가 몹시 보고 싶은 사람이 있는 것 같다고 설명을 했다. 이상하게 생각한 큰딸이 아버지에게 "보고 싶은 사람이 있으면 말씀하세요. 제가 만나도록 해드릴 테니까요."라고 종용했더니 아버지의 대답은 뜻밖이었다.

"매일 들르던 다방의 미스 박이 보고 싶기는 한데……"라면서 말끝을 흐렸다.

큰딸은 '어머니도 아니고 자식들보다도 미스 박이 제일인가 보다.'고 섭섭해하다가 '역시 아버지는 늙어서도 남자이고 그리운 사람은 여자인가 보다.'고 생각을 바꾸었다는 얘기다.

그래서 큰딸이 미스 박을 찾아가 아버지 소원인데 만나달라고 요청했다. 미스 박도 "저도 많이 뵙고 싶었어요."라고 해서 두 사람의 만남이 성사되었다. 아버지는 미스 박이 온다고 하니 거울을 보면서 머리를 쓰다듬기도 하고 옷을 단정히 하고 만났다는 얘기였다. 둘만 있는 방에서 무슨 얘기를 했는지는 아무도 모른다는 큰딸의 얘기였다.

듣는 사람들이 다들 웃었다. 나도 웃었다. 그런데 누군가가 나에게 "남자는 죽을 때까지 남자인가 보지요?"라고 물었다. 나도 적당한 대답을 못했다.

"그럼 남자가 여자로 변하겠어요?"라고 말했다. 그러면서도 속으로는 '그래, 모든 남자는 다 그런 것 같다.'고 생각했다.

떠나고 싶지 않지만 떠나야 한다면

이런 일들을 겪는 동안에 내 나이 100에 가까워져왔다. 아직은 건강이 유지되고 있으나 곧 어디로 가야 할 것 같다. 여기는 비어 있는 집이지만 모친도, 아내도 운명한 집이다. 떠나고 싶지는 않더라도 떠나야 한다면 하늘과 산, 가능하다면 호수나 바다도 보이는 요양병원으로 갔으면 좋겠다.

누구 곁으로 갈까 했으나 이제는 누가 내 곁에 있어주었으면 좋을까, 하는 마음이다. 어머니나 아내와 같은 마음을 가진 여인이 곁에 있으면 고맙겠다. 그러나 내가 떠난다고 해서 아픈 마음을 갖지 말고 조용히 감사히 생각할 정도로 성숙된 인간애를 갖춘 여자였으면 좋겠다. 나 때문에 슬퍼할 여인이어서는 내 마음이 무거워질 것 같다. 미소를 머금고 보내줄 사람은 없을까. 이별까지도 감사히 생각하며 보내줄 수 있는…….

그런 여성이 없다면 요양병원에 있는 의사, 간호사같이 사람들을 위해주고 사랑하는 마음이 있는 곳에서 지내다가 감사한 마음을 안고 떠났으면 좋겠다. 아내를 끝까지 돌보아준 간병 아주머니 생각이 난다. 우리가 "그동안 너무 수고가 많으셨어요."라고 인사했더니 "그렇게 힘들게 계셨고 말씀을 못하시면서도 항상 고맙고 미안하다는 표정을 지으셨기 때문에 힘들다는 생각은 몰랐습니다."라는 것이었다.

그래서 지금도 나는 모친과 아내를 집에서 가시게 한 것을 잘했다고 생각하고 있다.

"오래 사시느라 고생 많으셨습니다"

2011년 3월이었다. 내가 한림대학교에서 일송一松상을 받게 되었다. 대학에서 내정한 후에 연락이 왔기 때문에 감사히 수락하게 되었다.

수상식이 끝나게 되면서 답사를 할 순서가 되었다. 특별히 준비한 내용이 없어 다음과 같은 얘기를 했다.

"상을 받게 된다는 영광스러운 마음은 있었으나, 내가 받을 자격이 있는가를 반성해보았습니다. 특별한 직책을 맡은 일도 없었고, 남다른 업적을 남긴 바도 없었습니다. 나보다 훌륭한 분들도 많이 있습니다. 그래도 내가 상을 받을 자격이 있는가, 하고 생각해보았습니다. 한 가지 생각만이 떠올랐습니다. '오래 사시느라고 고생 많이 하셨습니다.' 그래서 준다면 받아도 되겠다고 마음의 위로를 받습니다."라고 했더니 모두가 웃었다. 그러나 반성해보면 그것이 내 진심이었다. 물론 나보다 더 많은 고생을 치른 사람들도 있었다. 우리 모두가 무겁고 어두운 역사의 험난한 길을 밟아왔기 때문이다.

역사의 수레바퀴 아래서

개인적으로도 그랬다.

지금은 건강과 장수를 누리고 있는 셈이다. 그러나 한평생 잊지 못하고 살아온 어머니의 얘기가 있다. "우리 장손이 스무 살까지 만 사는 것을 보았으면 좋겠다."는 말이다. 또 너무 가난한 한평생을 보냈다. 가진 것도 없으면서, 탈북과 전쟁으로 모든 것을 잃었다. 오랫동안 두 동생과 여섯 자녀를 위한 책임을 지고 살아야 했다. 그러나 지금은 그 모든 짐을 풀어놓은 셈이다. 내가 떠날 때까지 살아갈 준비는 되었기 때문이다. 건강, 가난 둘 다 타고난 인생의 짐이었으나 그 무거운 짐들을 내려놓을 때까지는 고생의 연속이었다.

그보다는 환경에 따르는 사회적 고생이 더 많았다. 나라를 빼앗긴 후 36년의 일제강점기를 보냈다. 신사참배 문제로 학교를 자퇴해보기도 했다. 그때가 중학교 3학년이었다. 대학을 끝내면서는 일본 군대로 끌려가는 학도병 문제로 절망 상태에 빠졌던 체험도 아직 생생하다.

해방의 환희는 너무 짧았다. 2년간 공산 치하의 세월에는 일제강점기보다도 더 심한 정신적 고통을 겪어야 했다. 자유를 위해 서라기보다는 살아남기 위해 탈북을 했다. 나에게는 고향을 잃은 것만이 아니었다. 다시 찾은 조국의 반을 빼앗긴 슬픔을 안고 목숨을 건 대한민국에로의 탈출이었다. 대한민국이 없었다면 어디로 갔을까. 그래서 다른 사람들보다 대한민국의 한없는 혜택을 받으면서 살았다.

6·25 전쟁과 4·19 혁명은 눈을 감을 때까지 잊을 수 없는 고뇌의 짐이었다. 대한민국의 운명이 우리 모두의 운명과 하나였으니까. 그 후의 경제적인 정착과 정치적 민주화운동은 대학생활과 직결되어 있었기 때문에 편하게 마음 놓고 살아온 날들이 얼마나 있었는지 모르겠다. 우리들 모두에게 주어진 역사의 무거운 책임이었다.

그렇다고 해서 내 인생이 불행했거나 무의미한 고생이었다고는 생각지 않는다. 지금은 남부럽지 않은 건강을 누리면서 일하고 있다. 부富하지는 않으나 경제적 욕망은 떠나간 지 오래다. 한 가지 소망이 있다면 대한민국의 모든 사람들이 다 나보다 행복하게 잘 사는 것을 볼 수 있다면 얼마나 좋을까, 하는 마음이다.

같은 고생을 하기 위해 다시 오라면……

내가 미수88세를 맞은 해에 미국과 캐나다, 멕시코 지역을 다녀왔다. 긴 기간이었기 때문에 교포들을 위한 강연회 외에도 여행을 즐기는 열흘쯤을 세 딸들과 같이 보냈다.

여행 중의 하루였다. 저녁을 끝내고 커피를 마시는 시간이었다. 막내딸이 서울에 있는 가족들 생각도 나고 먼저 세상을 떠난 어머니가 그립기도 했던 것 같다.

"나는 가끔 우리 엄마가 조금만 더 지혜로웠다면 그렇게 고생할 필요가 없었는데, 하는 생각을 하곤 해……"라고 말했다. 내가 "엄마가 어째서?"라고 물었더니, "여기 와서 아들딸 하나씩 둘만 낳아서 키우는 것도 그렇게 고생스러운데, 무엇 때문에 우리들 여섯씩이나 키우느라고 많은 고생을 했는지 몰라. 지금 같았으면 안 그랬을까……?"라는 것이다.

내가 "그런 얘기는 하지 마라. 엄마가 고생스럽다고 너희들을 낳지 않았다면, 너희 둘은 세상에 태어나지도 못했을 것이다."라고 했더니 "그 얘기가 아니고 애들을 키우면서 생각해보니까, 우리 같은 것들을 위해 엄마가 얼마나 애태우면서 고생했을까, 하고 생각하면 눈물이 나곤 해. 그것도 전쟁 도중에 먹을 것도 부족하고 우리들 옷을 장만하느라고 엄마도 여자인데 한 번도 옷다운 옷도 못 입어보고, 좀 더 오래 사셨다면 큰절이라도 하면서 엄마, 이제는 우리들도 철이 들었어. 정말 미안하고 고마워, 라고 용서라도 빌고 싶어……"라면서 말끝을 흐렸다.

다른 두 딸도 공감이었던 모양이다. 말이 없었다. 한참 뒤에 큰

딸이 "고생이야 어머니보다도 아버지가 더 많았지. 그래도 우리는 모두 웃으면서 그 세월을 보내지 않았어?"라고 했다. 나도 "그래도 그때가 제일 행복했었다. 엄마도 또 같은 고생을 하기 위해 다시 오라면 서슴지 않고 웃으면서 올 것이다."고 말했더니, "그건 그래, 그때가 고생은 했어도 행복했던 것 같아." 세 딸의 같은 대답이었다.

내가 "그 고생 속에는 사랑이 있었거든. 너희들도 인생을 살아보면 사랑이 있는 고생이 가장 값진 행복한 인생인 것을 깨닫게 될 거다. 엄마는 이미 그 인생을 끝냈고."라고 말했다.

모두 그 얘기는 더 하지는 않기로 약속한 듯이 화제를 돌렸다.

사랑한다는 것은 위해주는 것

1947년 가을부터 7년 동안 중앙중·고등학교서 지냈다. 27세였다. 전쟁 기간을 제외한다면 5년 정도밖에 학생들과 같이 지내지 못했다.

그러나 지금 생각해보면 그때가 참 행복했다. 그 교사생활 때는 내 평생에서 가장 학생들과 함께 사랑을 나눈 기간이었다. 사랑한다는 것은 위해주는 것이다. 학생들이 많이 따라주었기 때문이었을지 모르나 나도 학생들을 진심으로 위해준 기간이었다. 전쟁의 시련을 함께 겪은 것도 원인이었을 것이다. 나는 진심으로 내 제자들을 사랑하고 걱정했다. 또 나보다 유능하고 장래가 기대되는 학생들이 많았다. 그리고 이상하게도 우리 학생들이 스승의 사랑을 받고 있지 못한 듯싶은 생각이 있었다. 내가 일제강점기 때 중·고등학교에 다닐 때는 선생들의 사랑을 넘치게 받으면서 살았던 기억이 새로워졌다.

6·25 때 지원해서 군에 입대했던 학생들이 휴가 때 찾아오면 말할 수 없이 반갑고 고마웠다. 지금도 때로는 중앙학교 캠퍼스에 들르곤 한다. 같이 있었던 선생 생각은 없는데 제자들의 음성이 들려오는 것 같은 반가움을 느낀다.

내가 사랑했던 S군이 있었다. 그 제자가 자살을 하려고 음독했다가 죽지 못하고 깨어났다. 부모의 연락을 받고 달려가 보았더니 아직도 두 눈이 퉁퉁 부어 있었다. 나를 보면서 "제가 틀림없이 죽었을 텐데요. 선생님, 웬일이세요."라고 입을 열었다. "왜 그런 짓을 했어? 나에게 와서 얘기라도 하지."라고 했더니, "내가 죽지 못했구나. 선생님 죄송해요. 다시는 안 그러겠습니다. 잘못했어요."라면서 울었다. S군의 어머니가 나를 찾더니 "이제는 안심이 됩니다. 선생님께 약속을 했으니까 마음이 놓입니다. 의식이 돌아오면서 '선생님께 알려드려야 했는데……'라는 헛소리를 하고 있었습니다."라고 말했다.

S군은 서울공대를 졸업하고 미국으로 가 대학원을 끝낸 뒤 미국에서 훌륭한 기술자로 일하고 있다. 가슴 아팠던 사건은 우리

둘만 아는 비밀이 되었다.

"제 큰절을 받으세요"

2015년 가을이었다. 45회 중앙졸업생 중의 한 제자로부터 전화
가 왔다. 미국에 살던 방 군이 서울에 오는데, 동기생들이 선생님
을 모시고 점심을 같이 하기로 했다는 것이다.

약속한 시간에 63빌딩 양식당으로 갔다. 방 군을 포함한 9명이
모여 기다리고 있었다. 80세 전후의 옛날 제자들이었다. 이름이
기억나는 이도 있고 얼굴이 기억에 남는 제자도 있었다. 모르는
사람들이 보면 나도 동창의 한 사람으로 착각했을 정도로 모두
늙어 있었다. 식사를 시작하기 전에 방 군이 입을 열었다. 방 군은
일찍 미국에 건너가 의사로 일하다가 정년으로 퇴직을 하였다.
방 군은 6·25 전쟁 기간 중의 졸업생이었다.

"제가 미국에서 우연히 TV를 보다가 선생님께서 건재하신 것
을 알았습니다. 더 세월이 지나기 전에 뵙고 제가 고등학교에
다닐 때 베풀어주신 말씀과 사랑에 감사해야겠다는 결심을 했습
니다. 그때 토요일 오후마다 들려주시던 말씀을 못 들었다면 지금
의 저는 없었을 것이라는 생각을 했습니다. 그래서 더 늙으시기 전
에 큰절을 드리고 싶었습니다. 의자에 앉으신 대로 제 절을 받아주
십시오."라고 말하면서 카펫 위에 무릎을 꿇고 큰절을 했다.

자리를 함께하고 있던 다른 친구들도 우리도 같이 큰절을 드리자면서 엎드렸다. 서빙을 하기 위해 들어섰던 직원들이 무슨 일인가 하고 놀라는 표정이었다. 자그마한 사람은 의자에 앉아 있고 덩치가 큰 노인들이 큰절을 하고 있었으니까.

그것이 사제 간의 사랑이다. 나는 제자들에게 해준 일이 없다. 그저 저 제자들이 자라 모두 행복해지고 사회를 위해 봉사를 하는 일꾼이 되어주었으면 좋겠다는 마음을 가졌을 뿐이다. 오늘 같은 일이 있을 것을 예상했다면 더 많은 사랑을 베풀어주고 싶었을 것이다.

역시 사랑의 짐을 질 수 있는 그때가 행복했다. 다시 교단에 설 수 있다면 더 많은 제자들을 위해주고 싶은 마음이다.

이런 생각을 하면서, 만일 진정으로 환자를 사랑해보지 못한 의사가 있다면 그 의사가 존경받는 의사일 수 있을까, 하는 생각이 들었다. 반대로 정성을 다해 환자를 위한 의사가 있었다면 그 의사는 다른 사람이 모르는 행복을 느꼈을 것이다.

사랑이 있는 사람은 자기를 위하게 되어 있지 않다. 사랑하는 상대를 위하여 최선을 다하고도 더 사랑하고 싶어지는 법이다.

처음 얘기로 돌아가자.

수상의 소감을 얘기하면서, "제가 사랑이 있는 고생이 행복이었다는 사실을 깨닫는 데 90이 넘는 세월이 걸렸습니다. 그렇게 많은 사랑을 받아오면서도 그 사실을 외면하고 살았습니다. 다시

한 번 교단에 설 수 있다면 정성껏 제자들을 위하고 사랑해주고
싶습니다. 여러 교수님들은 저와 같은 후회를 남기지 않도록 새
출발을 해주시기 바랍니다. 그것이 제 나이가 되면 여러분의 인
생을 행복과 영광으로 이끌어주실 것으로 믿고 감사드립니다."라
는 말을 남겼다.